Tino Künzel • Ja, ich möchte die Kosten senken – aber richtig!

Tino Künzel hat nach einer technischen und kaufmännischen Berufsausbildung ein Studium der Betriebswirtschaftslehre erfolgreich abgeschlossen. Seit vielen Jahren ist er als kaufmännischer Leiter in einem japanischen Konzern tätig. Darüber hinaus ist er Inhaber der Firma Tino Künzel, Business Administrator.

Ja, ich möchte die Kosten senken – aber richtig!

von Dipl.-Betriebswirt (BA) Tino Künzel

2., überarbeitete und erweiterte Auflage

Bibliografische Information Der Deutschen Bibliothek:
Die Deutsche Bibliothek verzeichnet diese Publikation in der Deutschen Nationalbibliografie; detaillierte bibliografische Daten sind im Internet über http://dnb.ddb.de abrufbar.

Autor: Tino Künzel, Dipl.-Betriebswirt (BA)

Herstellung und Verlag: Books on Demand GmbH, Norderstedt

ISBN: 3-8334-4186-0

2., überarbeitete und erweiterte Auflage

© Februar 2006, Tino Künzel, Olching b. München

Der Autor hat mit größter Sorgfalt dieses Sachbuch erstellt, um fehlerfreie und vollständige Informationen zu publizieren. Es wird jedoch keinerlei Haftung für Richtigkeit und Vollständigkeit übernommen.

Alle Rechte liegen beim Autor.
Dieses Buch ist urheberrechtlich geschützt. Vervielfältigungen und Nachdruck, auch auszugsweise, sind nur nach vorheriger schriftlicher Genehmigung des Autors möglich. Die Verwendung in anderen Medien sowie in Vorträgen, Seminaren usw. ist verboten.

Vorwort

Der Unternehmer ist mit der Gründung des Unternehmens ein unternehmerisches Risiko eingegangen. Er hat Eigenkapital investiert und möchte daher, aus gutem Grund, einen größtmöglichen Gewinn erwirtschaften. Neben der langfristigen Sicherung der Existenz des Unternehmens steht möglichst auch die Gewährung von sicheren Arbeitsplätzen für die dort tätigen Menschen im Vordergrund.

Damit dies gelingt, sollte jedes Unternehmen, neben einer Steigerung der Umsätze, seine Kosten optimieren. Kostenbewusstes Denken und Handeln sind wichtige Voraussetzungen für andauernden betriebswirtschaftlichen Erfolg.

Das Senken von Kosten wird jedoch leider oft als etwas Negatives angesehen, da in unserer Gesellschaft häufig die Meinung vertreten wird, dass Unternehmen nur aus Profitgier oder aufgrund einer geizigen Veranlagung sparen. Dass es darum geht, die langfristige Wirtschaftlichkeit eines Unternehmens zu sichern, ist vielen Mitarbeitern und leider auch vereinzelten Führungskräften nicht klar.

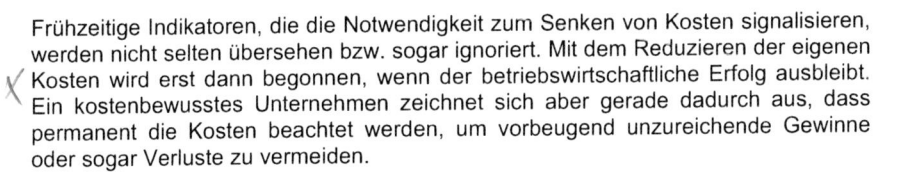

Frühzeitige Indikatoren, die die Notwendigkeit zum Senken von Kosten signalisieren, werden nicht selten übersehen bzw. sogar ignoriert. Mit dem Reduzieren der eigenen Kosten wird erst dann begonnen, wenn der betriebswirtschaftliche Erfolg ausbleibt. Ein kostenbewusstes Unternehmen zeichnet sich aber gerade dadurch aus, dass permanent die Kosten beachtet werden, um vorbeugend unzureichende Gewinne oder sogar Verluste zu vermeiden.

Wenn sich dann ein Kostendenken im Unternehmen eingestellt hat, so werden häufig in der Praxis eine Vielzahl von schwerwiegenden Fehlern begangen. So wird bspw. in erster Linie immer sofort nur an die Einsparung von Personalkosten bzw. Freisetzung von Personal gedacht. Natürlich stimmt es, dass die Personalkosten oft den größten Kostenblock verursachen. Es sind jedoch auch die vielen Kleinigkeiten, die keinen Arbeitsplatzabbau bedeuten, aber dennoch nachhaltig die Kostenstruktur positiv beeinflussen.

Aufgrund der Komplexität dieses Themas, empfiehlt es sich, die unternehmensweite Kostensenkung strukturiert und gezielt anzugehen.

Das vorliegende Buch erläutert Einsteigern und Fortgeschrittenen in einer verständlichen Schreibweise, ohne auf Fachbegriffe zu verzichten, *wie* Kosten innerhalb eines Unternehmens rechtzeitig und vorbeugend gesenkt werden können.

In diesem Zusammenhang werden 200 Maßnahmen genannt. Mit Sicherheit ist manchem Leser die eine oder andere Maßnahme schon bekannt. Ist sie ihm jedoch auch bewusst? Der Leser sollte über jede einzelne Maßnahme nachdenken und prüfen, inwieweit diese Maßnahme innerhalb des eigenen Unternehmens bereits umgesetzt wird bzw. werden kann.

„Ja, ich möchte die Kosten senken – aber richtig!"

Aufgrund der allgemeinen Kosten-Grundregel „Kosten vermeiden – analysieren – senken" werden neben den Maßnahmen zur Kostensenkung auch Vorschläge zum Vermeiden von Kosten genannt.

Zu jeder Maßnahme werden die Auswirkungen aufgezeigt. Dabei gibt es mittelbare und unmittelbare Auswirkungen, da sich neben der eigentlichen Kostensenkung u.U. auch noch weitere Vorteile und Synergieeffekte ergeben können.

Im Feld „Notiz(en)/Bemerkung(en):" können mögliche, eigene Gedanken hinsichtlich einer geplanten Umsetzung festgehalten werden.

Eine Vielzahl von Maßnahmen können kurz- bis mittelfristig umgesetzt werden. Natürlich werden auch einige Maßnahmen genannt, deren Planung und erfolgreiche Umsetzung mehr Zeit beansprucht. Generell sollte jede geplante Maßnahme schnellstmöglich, aber dennoch gut vorbereitet und konsequent umgesetzt werden. Nur so gelingt es, die Kosten im Unternehmen so schnell wie möglich und auf Dauer zu reduzieren.

Der Autor hat, anstelle einer sehr umfassenden, ausführlichen Erläuterung jeder einzelnen Maßnahme, bewusst eine sehr kompakte, sich auf das Wesentliche konzentrierende und Zeit sparende Darstellung in Form eines „Arbeitsbuches" bzw. einer „Checkliste" gewählt.

Zur praktischen Strukturierung des Buches orientiert sich dessen Aufbau bzw. die Reihenfolge der Maßnahmen am Industrie-Kontenrahmen (IKR). Dadurch erkennen Leser mit Buchhaltungskenntnissen sofort, welche Kostenart primär beeinflusst wird.

Die auf Seite 231 befindliche Tabelle kann sowohl als „Lesezeichen" als auch als „Merkblatt" verwendet werden. Ziel ist es, dass beim Lesen dieses Buches jeder interessante Tipp auf diesem Blatt markiert werden kann, damit er in der anschließenden Realisierungsphase, unter der Vielzahl der Tipps, schnell wieder gefunden werden kann. Dieses Lesezeichen bzw. Merkblatt kann dabei auch aus diesem Buch herausgeschnitten werden.

Anregungen bzw. weitere Tipps aus Ihrer Praxiserfahrung werden dankend unter folgender E-Mail-Adresse entgegengenommen:

info@business-administrator.de

Ich würde mich freuen, wenn Sie dieses Buch auf Ihrem Weg zum Erfolg unterstützt!

Tino Künzel

Februar 2006, Olching b. München

Inhaltsverzeichnis

Vorwort 1

Inhaltsverzeichnis 3

Abkürzungsverzeichnis 5

Literaturverzeichnis 6

1. **Allgemeines** 9
   1.1 Kosten im Unternehmen 9
   1.2 Unternehmensinterne Indikatoren 10
   1.3 Häufige Fehler in der Praxis 11
   1.4 Strukturierte Vorgehensweise 12

2. **Maßnahmen zur Senkung betrieblicher Aufwendungen je Kontengruppe** 15
   2.1 Verschiedene Kontengruppen 15
   2.2 Aufwendungen für Roh-, Hilfs- und Betriebsstoffe und für bezogene Waren 66
   2.3 Aufwendungen für bezogene Leistungen 74
   2.4 Löhne/Gehälter 77
   2.5 Soziale Abgaben und Aufwendungen für Altersversorgung und Unterstützung 125
   2.6 Abschreibungen 132
   2.7 Sonstige Personalaufwendungen 136
   2.8 Aufwendungen für die Inanspruchnahme von Rechten und Diensten 147
   2.9 Aufwendungen für Kommunikation 185

„Ja, ich möchte die Kosten senken – aber richtig!"

2.10 Aufwendungen für Beiträge und Sonstiges sowie Wertkorrekturen und periodenfremde Aufwendungen 218

2.11 Betriebliche Steuern 223

3. Vorgehensweise zur Umsetzung der Maßnahmen 226

3.1 Praktische Umsetzung der Maßnahmen 226

3.2 Zusätzliche Informationsquellen 227

4. Übersicht: Maßnahmen pro Aufwandsart 228

Stichwortverzeichnis 229

Ihr Lesezeichen und Merkblatt 231

„Ja, ich möchte die Kosten senken – aber richtig!"

Abkürzungsverzeichnis

a.a.O.	an angegebenem Ort
admin.	administrativ
AN	Arbeitnehmer
BAG	Bundesarbeitsgericht
betriebswirt.	betriebswirtschaftliche(n)
BGB	Bürgerliches Gesetzbuch
bspw.	beispielsweise
CRM	Customer Relationship Management
d.h.	das(s) heißt
div.	diversen
ggf.	gegebenenfalls
GoB	Grundsätze ordnungsgemäßer Buchführung
GPS	Global Positioning System
GSM	Global System for Mobile Communication
Hrsg.	Herausgeber
i.d.R.	in der Regel
i.M.	im Moment
indiv.	individuell
IT	Informationstechnologie
Jg.	Jahrgang
KSchG	Kündigungsschutzgesetz
LG	Landgericht
lt.	laut
max.	maximal
mgl.	möglich(e/er/en/st)
mind.	mindestens
mtl.	monatlich(e/er/en)
Nr.	Nummer
o.J.	ohne Jahresangabe
p.a.	per anno
PC	Personal Computer
S.	Seite
SGB	Sozialgesetzbuch
SMS	Small Messaging System
sog.	so genannt
SRM	Supplier Relationship Management
T€	Tausend-Euro
tel.	telefonisch
u.a.	unter anderem
u.U.	unter Umständen
USt.	Umsatzsteuer
UStG	Umsatzsteuergesetz
usw.	und so weiter
UWG	Gesetz gegen den unlauteren Wettbewerb
z.B.	zum Beispiel
z.T.	zum Teil

„Ja, ich möchte die Kosten senken – aber richtig!"

Literaturverzeichnis

Bücher, Zeitschriften, Sonderdrucke:

Arends, Gunnar:	Software aus dem Netz, in: Creditreform, 2/2001, S. 38 – 39
Augustin, Ulrike:	Online Mahnantrag, in: Wirtschaft – Das IHK Magazin für München und Oberbayern, 01/2005, S. 46 – 47
Austen, Harriet:	Neue Zeiten, neue Werte, in: Wirtschaft – Das IHK-Magazin für München und Oberbayern, 04/2003, S. 51 – 53
Blohm, H.; Beer, T.; Seidenberg, U.; Silber, H.:	Produktionswirtschaft, 2., unveränderte Auflage, Herne/Berlin, 1988
Blumberg, Christel:	Lohnt sich die GmbH noch? , in: impluse, 3/1995, S. 116 – 120
Bosse, Dieter:	Früh bereitgestellt, in: MM Das IndustrieMagazin, 29/2003, S. 30 – 33
Buchner, Manfred:	Druckkosten im Griff, in: impluse, 10/2003, S. 78 – 79
Dohmen, Matthias:	Nachlässigkeit bei den Lizenzen kann teuer werden, in: Wirtschaft – Das IHK Magazin für München und Oberbayern, 10/2004, S. 68 – 70
Ernst, Eva Elisabeth:	Flexibel überleben, in: Wirtschaft – Das IHK Magazin für München und Oberbayern, 09/2003, S. 54 – 59
Ernst, Eva Elisabeth:	Gezielte Sparmaßnahmen, in: Wirtschaft – Das IHK Magazin für München und Oberbayern, 02/2004, S. 46 – 48
Ernst, Eva Elisabeth:	Unterschätzte Untreue, in: Wirtschaft – Das IHK Magazin für München und Oberbayern, 01/2004, S. 9 – 11
Gloger, Ulrike:	Vom Kostenblock zum Profitcenter, in: MM Das IndustrieMagazin, 21/2004, S. 18 – 21
Gloger, Ulrike:	Auf die Beziehung kommt es an, in: MM Logistik, 02/2003, S. 16 – 18
Gruber, Mechthilde:	Die richtige Rechtsform – eine Frage der Strategie, in: Wirtschaft – Das IHK Magazin für München und Oberbayern, 07/2003, S. 46 – 49
Hartmann, Frank:	Ideen-Management: Hohes Sparpotenzial, in: Creditreform, o. J. , S. 10 – 12
Hartmann, Frank:	Fuhrpark-Management: Kosten sparen, in: Creditreform, 4/1999, S. 16 – 17
Hartmann, Frank:	Customer Relationship Management: Kundenbetreuung in jeder Phase, in: Creditreform, 11/2000, S. 11 – 14

„Ja, ich möchte die Kosten senken – aber richtig!"

Literaturverzeichnis

Hartmann, Frank:	Finden statt Suchen, in: Creditreform, 6/2001, S. 12 – 13
Horn, Karl-Werner:	Geld trotz Pleite, in: impulse, Mai 2003, S. 146 – 147
Horn, Karl-Werner:	Notbremse ziehen, in: impulse, März 2004, S. 112 – 113
Junker, Eva:	Kaizen – Sparen auf japanische Art, in: Logistik inside, 03/2003, S. 36 – 38
Katzensteiner, Thomas:	Loch im Topf, in: Wirtschaftswoche, Nr. 23, 27.05.2004, S. 71 – 72
Kreß, Rüdiger:	Lange liegen, in: Wirtschaftswoche, Nr. 30, 22.07.1994, S. 70 – 71
Kücherer, Kirsten:	Nur fünf Tage, in: E-Business, 12/2001, S. 68 – 71
Kuhn, Axel; Fischer, Sabine; Bandow, Gerhard:	Kritische Prüfung, in: MM Das Industrie Magazin, 18/2003, S. 36 – 37
Lawrenz, Hannsjörg:	Reisekosten im Griff, in: Creditreform, 1/2001, S. 18 – 19
LBE:	Auch im Einzelhandel: Personalkosten senken durch längere Arbeitszeiten?, in: Handel direkt, 12/2004, S. 3
Link, Jörg; Hildebrand, Volker:	Database Marketing und Computer Aided Selling, München, 1993
Mannschatz, Alex:	Seitenwechsel, in: Facts, 5/2003, S. 44 – 48
Marx, Claudius; Wenglorz, Georg:	Schuldrechtsreform 2002: Das neue Vertragsrecht, Freiburg (Breisgau), Berlin, München: R. Haufe Verlag, 2001
Minolta Europe GmbH:	Outputmanagement, PROUT in Form, in: Produktkatalog Minolta, 02/00, S. 1 – 13
Moldenhauer, Max:	Selfservice: Leichter gesagt als getan, in: Tele Talk, 5/2003, S. 40
Moll, Dieter:	Viel Geld gespart, in: Creditreform, 12/2001, S. 20 – 22
Müller, Reinhold:	Sprung über die Basel-Hürde, in: Wirtschaft – Das IHK-Magazin für München und Oberbayern, 1/2002, S. 40 – 44
Olfert, Klaus (Hrsg.):	Investition, 8., überarbeitete und erweiterte Auflage, Olfert, Klaus (Hrsg.), Ludwigshafen, 2001
Pütz-Willems, Maria:	Hybrider Kunde, in: Wirtschaftswoche, Nr. 26, 24.06.1999, S. 102 – 112
Prudent, Carsten:	Vorsicht Betriebsrat!, in: impulse, Januar 2004, S. 78
Rose, Kerstin:	Viel schneller auf den Punkt, in: Wirtschaftswoche, Nr. 37, 07.09.2000, S. 180 – 184
Santura, Siegfried:	Wie Sie Ihre Kosten senken, in: Creditreform, 3/2001, S. 24
Schaudwet, Christian:	Messen, Zählen, Wiegen, in: Wirtschaftswoche, Nr. 34, 12.08.2004, S. 58 – 61

„Ja, ich möchte die Kosten senken – aber richtig!"

Schenk, Ingo:	Klein und gemein, in: Creditreform, 9/2004, S. 54 – 55
Schmolke, Siegfried; Deitermann, Manfred:	Industrielles Rechnungswesen IKR, 30., überarbeitete Auflage, Darmstadt, 2002
Schnettler, Johannes:	Auf dem rechten Weg, in: impulse, Juni 2003, S. 58 – 59
Schönfeld, Wolfgang:	Lexikon für das Lohnbüro, 46. Auflage, Rechtsstand 01.01.2004, München, Berlin: Rehm, 2004
Strauß, Rolf:	Kosten senken durch integrierte Faxlösung, in: EHZ, 5/1995, S. 102 – 105
Wagenknecht, Achim:	Wo sich Linux richtig rechnet, in: impulse, Oktober 2003, S. 68 – 70
Weiland, Harry:	Verdammt kompliziert, in: Wirtschaftswoche, Nr. 26, 24.06.1999, S. 113 – 118
Wöhe, Günter:	Einführung in die Allgemeine Betriebswirtschaftslehre, 18., überarbeitete und erweiterte Auflage, München: Vahlen, 1993
Ziegenbein, Klaus:	Controlling, 5., überarbeitete Auflage, Olfert, Klaus (Hrsg.), Ludwigshafen, 1995
Zischka, Beate:	Umsatzsteuer: Istversteurer haben Liquiditätsvorteile, in: Praxis-Lexikon: Buchführung und Bilanzierung von a-z, Gruppe 5, S. 801 – 816 aus Heft 02/2003, Nachschlagewerk, Freiburg i. Br.

Internet-Recherche:

Geiger, Jörg:	Weg mit Spam, Online im Internet: URL: http://www.chip.de/artikel/c_druckansicht_10241320.html (Abfrage: 30.03.2005), S. 1 – 6
Industrie- und Handelskammer (IHK) Aachen:	Teilzeitbeschäftigung und geringfügige Beschäftigung, Kurzinformation/Merkblatt kh_1013, Online im Internet: URL: http://www.aachen.ihk.de/de/recht_steuern/download/kh_101.htm (Abfrage: 02.11.2004), S. 1 – 4
Redaktion "Arbeit und Arbeitsrecht":	Urteile – Empfehlung zum Krankenkassenwechel, vom 15.10.2001, Online im Internet: URL: http://www.arbeit-und arbeitsrecht.de/_aktuell/02/a0202.shtm?ansicht=240 (Abfrage: 16.04.2003)
Scheffler, Peter:	Kooperatives Lernen mit neuen Medien im industriellen Umfeld – ein Kostenfakor (Seminararbeit), Online im Internet: URL: http://www.tu-dresden.de/wwwiisih/ftp/hsss01/scheffler.pdf (Abfrage: 04.04.2003), S. 1 – 60

„Ja, ich möchte die Kosten senken – aber richtig!"

1. Allgemeines

1.1 Kosten im Unternehmen

Der Unternehmer hat in sein Unternehmen Eigenkapital investiert und möchte daher einen größtmöglichen Gewinn erwirtschaften. Die Höhe des Gewinns wird u.a. durch die im Unternehmen anfallenden Kosten maßgeblich beeinflusst.

Kosten fallen in jedem Unternehmen in den folgenden, soweit vorhandenen, Unternehmensbereichen an:

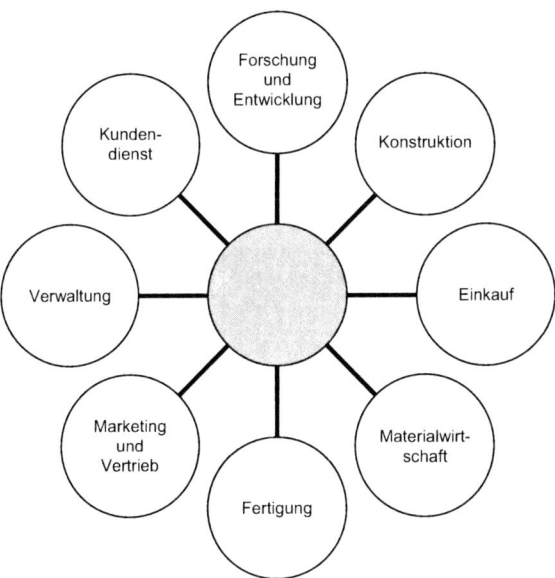

Unter dem Begriff „Kosten" versteht man alle betrieblichen Aufwendungen, die im Rahmen des Geschäftsbetriebes entstehen.

Kosten lassen sich nach verschiedenen Gesichtspunkten gliedern. Die Gliederung kann bspw. nach:

- dem Verhalten bei Beschäftigungsänderungen: fixe Kosten / variable Kosten / Mischkosten;
- der Verbrauchsart: Material / Personal / Dienstleistungen / Abschreibung / Steuern, Beiträge;
- der Zurechnung zu Kostenträgern: Einzelkosten / Sondereinzelkosten / Gemeinkosten;
- dem Zeithorizont: einmalig / laufend erfolgen.

„Ja, ich möchte die Kosten senken – aber richtig!"

Egal wie jedoch die Kosten gegliedert werden, *alle* Kosten sind zu fokussieren und kurz-, mittel- oder langfristig zu senken.

1.2 Unternehmensinterne Indikatoren

Wie schon im Vorwort verdeutlicht, sollte sich jedes Unternehmen rechtzeitig und vorbeugend dem Senken aller Kosten widmen. Allerspätestens dann, wenn folgende unternehmensinterne Indikatoren beobachtet werden, sollten Kostensenkungsmaßnahmen kurzfristig eingeleitet werden:

ja nein

☐ ☐ unerwartete Abweichungen zwischen der Soll- und Ist-Situation: trotz einer sorgfältigen Planung der zukünftigen Umsätze und Kosten treten nun plötzlich unvorhersehbare Abweichungen auf

☐ ☐ sinkende Umsatzrendite sowie geringerer Gewinn, trotz zunehmender Umsätze: überproportional steigende Kosten gegenüber den Umsätzen bewirken eine niedrigere Umsatzrendite und geringeren Gesamtgewinn

☐ ☐ mangelnde Liquidität: aufgrund hoher Lagerbestände, eines unzureichenden Forderungsmanagements etc. wird die Liquidität nachhaltig beeinträchtigt

☐ ☐ steigende Kundenunzufriedenheit: eine hohe Anzahl an Reklamationen und Kundenbeschwerden sowie eine rückläufige Entwicklung der Kundenanzahl sind Ausdruck der wachsenden Kundenunzufriedenheit

☐ ☐ zunehmende Anzahl an Kleinkunden und Kleinaufträgen: anstelle von Großaufträgen werden in stärkerem Umfang Aufträge mit einem geringen Auftragswert generiert, die überproportional hohe Personal- und Prozesskosten im Unternehmen verursachen

☐ ☐ trotz signifikanter Umsatzveränderungen besteht nach wie vor die gleiche Organisationsstruktur: die bisherige Organisationsstruktur wird nicht an die Umsatzentwicklung des Unternehmens angepasst und ist damit oft ineffizient

☐ ☐ negative Entwicklung des Betriebsklimas, Unterqualifikation und hohe Fluktuation: Beobachtung demotivierter Mitarbeiter und u.U. überforderter Mitarbeiter sowie einer hohen Anzahl an Kündigungen, aufgrund von Arbeitsüberlastung (hohe Überstundenanzahl), unzureichender Mitarbeiterführung, Defiziten in der Aufbau- und Ablauforganisation, ausbleibender Fortbildungsmaßnahmen etc.

☐ ☐ fehlende Auslastung der Mitarbeiter und Betriebsmittel: ausbleibende Umsätze sorgen für unausgelastete Mitarbeiter und Betriebsmittel (z.B. Maschinen)

„Ja, ich möchte die Kosten senken – aber richtig!"

Allgemeines

1.3 Häufige Fehler in der Praxis

Leider werden im Zusammenhang mit dem Senken von Kosten häufig zahlreiche Fehler gemacht. Grundsätzlich lassen sich die beobachteten Fehler in zwei Bereiche gruppieren. Dem ersten Bereich werden alle die Fehler zugeordnet, die unzureichende Rahmenbedingungen im Unternehmen verursachen und damit ein erfolgreiches Senken von Kosten erschweren bzw. u.U. sogar verhindern.

Fehler – Bereich 1:

- ausbleibende Kosten- und Leistungsrechnung sowie kein bzw. mangelhaftes (operatives) Controlling, d.h. eine sorgfältige Kosten- und Leistungsrechnung findet nicht statt; fehlende bzw. falsche Budgetierung (z.B. realistische Kostenpläne werden pauschal gekürzt); keinerlei bzw. mangelhafte Budgetkontrolle (kein periodischer Soll/Ist-Vergleich; keine Abweichungsanalyse; ausbleibende Gegensteuerung); kein regelmäßiges internes Berichtswesen (z.B. Kostenstellen-Berichte); Ignoranz von „warnenden" Kennzahl-Indikatoren (z.B. steigende Lagerbestände, sinkende Deckungsbeiträge)
- fehlerhafte buchhalterische Kontierung der Ist-Kosten, z.B. aufgrund einer nicht vorliegenden Kontierungsanweisung bzw. eines entsprechenden Kontierungshandbuches, verursachen Fehlinterpretationen
- der hohen betriebswirtschaftlichen Bedeutung dieses Themas wird generell nicht die erforderliche, unternehmensweite Beachtung beigemessen; Desinteresse und Ignoranz bei Mitarbeitern und Führungskräften
- Kostensenkungspotenziale werden u.U. von einzelnen Mitarbeitern und Führungskräften bewusst blockiert (z.B. weil das Potenzial von einem anderen Kollegen erkannt wurde oder es ein Nachteil für die eigene Person wäre)

Dem zweiten Bereich, werden alle die Fehler zugeordnet, die im Zusammenhang mit einer falschen Vorgehensweise entstehen.

Fehler – Bereich 2:

- nicht rechtzeitiges, sondern zu spätes, hektisches Sparen
- keine ganzeinheitliche, strukturierte Vorgehensweise (Art und Weise, Umfang)
- Berücksichtigung nur der vermeintlich größten Kostenblöcke (z.B. Personalkosten)
- nach der „Rasenmäher-Methode" werden in allen Bereichen pauschal x-Prozent der Kosten, ohne Beachtung der Historie und der Ist-Situation, gesenkt
- „Sparen um jeden Preis" zu Lasten der Leistungsqualität und -quantität (z.B. keinerlei Schulungsmaßnahmen für Mitarbeiter schaden dem Unternehmen langfristig)
- Umsetzung von nur kurzfristig wirkenden Kostensenkungsmaßnahmen, die langfristig dem Unternehmen schaden (z.B. bringt die kurzfristige, komplette Einstellung von jeglichen Werbeaktivitäten innerhalb kurzer Zeit messbare Einsparungen, jedoch schadet diese Vorgehensweise langfristig dem Unternehmen)
- einseitige Kostensenkung, ohne Beachtung von Folgekosten (z.B. Treffen einer Investitionsentscheidung für einen bestimmten Drucker nur auf Basis niedrigster Anschaffungskosten, jedoch ohne Berücksichtigung der hohen, zukünftigen Kosten für Verbrauchsmaterial (Tonerkartusche))

„Ja, ich möchte die Kosten senken – aber richtig!"

- rechtliche Rahmenbedingungen (z.B. Kündigungsschutzgesetz) werden nicht beachtet und führen dazu, dass sich Maßnahmen nicht durchsetzen lassen
- es werden Kostensenkungsmaßnahmen verabschiedet, die sich nur mit einem überdurchschnittlich hohen Aufwand realisieren lassen und damit unwirtschaftlich sind
- mögliche Kostensenkungsmaßnahmen werden nicht umgehend und konsequent umgesetzt
- keinerlei Kurz-Begründung zu verabschiedeten Maßnahmen gegenüber „Betroffenen" sorgen für Skepsis und Ablehnung
- keine regelmäßige Erfolgskontrolle hinsichtlich der ergriffenen Kostensenkungsmaßnahmen in der Zukunft

1.4 Strukturierte Vorgehensweise

Aufgrund der Komplexität dieses Themas, empfiehlt es sich, die unternehmensweite Kostensenkung in Form eines Projektes anzugehen. Durch ein Kostensenkungsprojekt soll ein strukturiertes und gezieltes Vorgehen unter Anwendungen diverser Projektmanagementtechniken sichergestellt werden.

Grundsätzlich sollte im Zusammenhang mit dem erfolgreichen Senken von Kosten nach der **Grundregel: Kosten vermeiden – analysieren – senken** vorgegangen werden:

1) Kosten vermeiden

Oberste Priorität, vor dem eigentlichen Senken von Kosten, hat das Vermeiden von Kosten. Es sollten nur unbedingt betrieblich notwendige Ausgaben getätigt werden.

2) Kosten analysieren

Bevor eine Senkung der Kosten, die im Rahmen der betrieblichen Leistungserstellung (Fertigung, Verwaltung, Kundendienst etc.) und Leistungsverwertung (Vertrieb) anfallen, stattfinden kann, muss eine fehlerfreie Kostenanalyse sichergestellt sein. In der Praxis findet diese Kostenanalyse häufig durch sog. „Soll/Ist-Abweichungsanalysen" innerhalb der Controlling-Abteilung statt.

Dazu ist es erforderlich, dass alle Aufwendungen und Erträge entsprechend ihrer Art in der Buchhaltung auf den entsprechenden Konten verbucht werden. Um eine eindeutige und gleich bleibende Kontierung zu gewährleisten, gibt es branchenspezifische Kontenrahmen (z.B. der Industrie-Kontenrahmen (IKR) mit dazugehörigen, unternehmensspezifischen Kontierungshandbüchern. Nur so kann gewährleistet werden, dass alle anfallenden Aufwendungen, von ggf. unterschiedlichen Mitarbeitern der Buchhaltung, kontinuierlich auf dem sachlich richtigen Konto kostenstellengerecht gebucht werden. Richtig gebuchte Aufwendungen sind eine der Grundvoraussetzungen für eine anschließende Analyse der betrieblichen Aufwendungen bzw. Kosten. Andernfalls werden Sachverhalte fehlerhaft ausgewiesen und im Controlling falsch interpretiert, woraus Fehlentscheidungen resultieren können.

Neben den zuverlässigen Ist-Zahlen werden auch realistische Plan- bzw. Soll-Zahlen benötigt. Dies setzt jedoch voraus, dass der Kostenplan richtig erstellt wurde und

„Ja, ich möchte die Kosten senken – aber richtig!"

nicht, wie so oft in der Praxis, „unrealistische Wunschzahlen" seitens der Unternehmensleitung, die dann in den Folgemonaten die „unerwartete" Abweichungen zwischen der Soll- und Ist-Situation erklärt haben möchten, angesetzt werden.

Wenn zuverlässige Soll- und Istzahlen zur Verfügung stehen, kann mit der eigentlichen Kostenanalyse begonnen werden. Dabei erfolgt ein betragsmäßiger und relativer (prozentualer) Vergleich der vorliegenden Zahlen. Falls Abweichungen erkannt werden, so ist eine genaue Ursachenforschung erforderlich. Die Ursachen für überhöhte Kosten können sehr vielfältig sein. Um diese Ursachen beseitigen zu können, sind geeignete Gegenmaßnahmen einzuleiten.

3) Kosten senken, unter Beseitigung der Ursachen und Einleitung von geeigneten Maßnahmen

Das Einleiten von Maßnahmen muss kurzfristig geschehen. Passende Maßnahmen zum Abbau von zu hohen Kosten werden in diesem Buch aufgezeigt (Kapitel 2).

Um Kosten erfolgreich analysieren und senken zu können, bieten sich neben der traditionellen Budgetierung in Verbindung mit periodischen Soll/Ist-Abweichungsanalysen folgende Instrumente bzw. Vorgehensweisen an:

- *ABC-Kostenanalyse*: Auf Basis einer vorangegangenen ABC-Analyse werden die größten bzw. wichtigsten Kostenblöcke zuerst analysiert.

- *Wertanalyse*: Im Zusammenhang mit der tatsächlichen betrieblichen Notwendigkeit wird jedes Kosten-/Leistungsverhältnis im Unternehmen systematisch untersucht. Ziel ist das beste Kosten-/Leistungsverhältnis für jede betrieblich unbedingt notwendige Aktivität zu ermitteln.

- *Leerkostenanalyse*: Bei dieser Vorgehensweise werden die Kosten, die aufgrund nicht genutzter Kapazitäten anfallen (= Leerkosten) minimiert bzw. in Kosten, denen auch ein Nutzen gegenübersteht (= Nutzkosten) umgewandelt (z.B. ungenutzte, angemietete Lagerflächen reduzieren oder untervermieten).

- *Schwachstellenanalyse*: Durch eine gezielte Mitarbeiterbefragung z.B. über einen Fragebogen werden Schwachstellen und damit verbundene Kostensenkungspotenziale ermittelt und anschließend umgesetzt.

- *Kennzahlen-Vergleich mit anderen Profit-Centern („Benchmarking"):* Durch einen umfassenden Kennzahlenvergleich mit vergleichbaren, erfolgreicheren Profit-Centern können Defizite aufgedeckt werden (z.B. Büromaterial-Kosten pro Verwaltungs-Mitarbeiter).

- *Systematische Optimierung der Kosten entlang der Wertschöpfungskette bzw. Unternehmensbereiche*: Alle Kosten entlang der Wertschöpfungskette: Forschung und Entwicklung – Konstruktion – Einkauf – Materialwirtschaft – Fertigung – Marketing und Vertrieb – Verwaltung – Kundendienst werden systematisch geprüft, um anschließend ggf. gezielte Gegenmaßnahmen einleiten zu können.

- *Zero-Base-Analyse*: Bei dieser Methode werden von Grund auf neu (von „null" / „zero") alle zukünftigen Tätigkeiten und die dafür betrieblich notwendigen Kosten geplant. Mögliche Kostensenkungspotenziale werden auf diese Weise erkannt.

- *Jahresabschlussanalyse*: Die Bilanz mit ihren Aktiv- und Passivkonten, die Gewinn- und Verlustrechnung (GuV), Anhang und Lagebericht werden strukturiert untersucht und bilden den Ausgangspunkt für die Kostenanalyse.

- *Periodischer Maßnahmenabgleich*: In regelmäßigen Abständen erfolgt ein strukturiertes Prüfen aller Kosten, hinsichtlich der bereits ergriffenen Kostensenkungsmaßnahmen, mit Hilfe einer Checkliste bzw. eines Maßnahmenkataloges.

Zur letzt genannte Vorgehensweise, d.h. dem Periodischen Maßnahmenabgleich, kann dieses Buch ebenfalls herangezogen werden.
Im Hinblick auf weiterführende Informationen zu den o.g. Instrumenten bzw. Vorgehensweisen wird auf einschlägige Fachliteratur verwiesen.

2. Maßnahmen zur Senkung betrieblicher Aufwendungen je Kontengruppe

2.1 Verschiedene Kontengruppen

Der Industrie-Kontenrahmen (IKR) gliedert sich in verschiedene Kontengruppen. In der Kontengruppe 6 werden alle betrieblichen Aufwendungen, d.h. Kosten zusammengefaßt. Weitere Aufwendungen werden in der Kontengruppe 7 verbucht.

Die Kontengruppe 6 und 7 teilen sich dabei in folgende Untergruppen auf:

Aufwandsart	Kontengruppe	Bezeichnung
Materialaufwand	60	Aufwendungen für Roh-, Hilfs- und Betriebsstoffe und für bezogene Waren
	61	Aufwendungen für bezogene Leistungen
Personalaufwand	62	Löhne
	63	Gehälter
	64	Soziale Abgaben und Aufwendungen für Altersversorgung und Unterstützung
Abschreibungen Anlagevermögen	65	Abschreibungen
Sonstige betriebliche Aufwendungen	66	Sonstige Personalaufwendungen
	67	Aufwendungen für die Inanspruchnahme von Rechten und Diensten
	68	Aufwendungen für Kommunikation
	69	Aufwendungen für Beiträge und Sonstiges sowie Wertkorrekturen und periodenfremde Aufwendungen
Weitere Aufwendungen	70	Betriebliche Steuern
	71 bis 73	frei verfügbar
	74	Abschreibungen auf Finanzanlagen und Wertpapiere des Umlaufvermögens und Verluste aus entsprechenden Abgängen
	75	Zinsen und ähnliche Aufwendungen
	76	Außerordentliche Aufwendungen
	77	Steuern vom Einkommen und Ertrag
	78	Diverse Aufwendungen
	79	frei verfügbar

(Vgl. Schmolke/Deitermann, 2002, a.a.O., Anhang)

Es gibt Einsparungsmöglichkeiten, die nicht eindeutig einer ganz bestimmten Kontengruppe zugeordnet werden können. Diese Maßnahmen betreffen i.d.R. mehrere Aufwandskonten, wobei im Vorfeld nicht gesagt werden kann, welche primär beeinflusst wird.

Alle die Maßnahmen, für die dieser Umstand zutrifft, sind in diesem Kapitel zusammengefasst.

„Ja, ich möchte die Kosten senken – aber richtig!"

Maßnahme:	Verbesserung der Aufbauorganisation	**Tipp-Nummer** 1

Aufwandskonto: 6 ... – betriebliche Aufwendungen

Erläuterungen zur Maßnahme:	Die Aufbauorganisation ordnet alle anfallenden Aufgaben einzelnen Aufgabenbereichen zu und definiert die Stellen und Abteilungen, die diese bearbeiten sollen. Eine unpassende, ineffiziente Aufbauorganisation verursacht unnötige Kosten. So lassen sich bspw. durch den Abbau von unnötigen Hierarchie-Ebenen und die Schaffung von Profitcenter-Strukturen relativ leicht wirkungsvolle Kosteneinsparungen herbeiführen. Darüber hinaus sollten alle verantwortlichen Führungskräfte mit den erforderlichen Instrumenten/Entscheidungsbefugnissen ausgestattet werden, damit sie auch tatsächlich Einfuß auf den Unternehmenserfolg nehmen können. So ist es z.B. kontraproduktiv, wenn eine Führungskraft eine fehlerfreie Arbeit innerhalb einer dezentralen Unternehmenseinheit gewährleisten soll, sie jedoch keinerlei Einflussmöglichkeit hat, eine „unausgereifte", fehlerhafte Softwareeinführung durch die Unternehmenszentrale zu verhindern.
Auswirkung(en):	• Einsparung von Personalkosten, aufgrund weniger, aber dafür sehr qualifizierter Führungskräfte (keine „Frühstücks-Direktoren"), die mit ausreichenden Instrumenten und Vollmachten ausgestattet sind • klare Erfolgsmessung für jedes Profit-Center incl. Schwachstellenfrüherkennung • Motivationssteigerung bei allen Mitarbeitern, da alle an den Unternehmenszielen mitwirken und sie den Erfolg maßgeblich mitbestimmen können
Notiz(en)/ Bemerkung(en):	

Realisierbar im eigenen Unternehmen?   ☐ ja   ☐ nein

„Ja, ich möchte die Kosten senken – aber richtig!"

Maßnahme:	Verbesserung der Ablauforganisation	Tipp-Nummer **2**

Aufwandskonto: 6 ... – betriebliche Aufwendungen

Erläuterungen zur Maßnahme:	Klar strukturierte, weitestgehend standardisierte und dokumentierte Abläufe sind in einem immer härter werdenden Wettbewerb für den betriebswirtschaftlichen Erfolg mitentscheidend. Dabei ist hervorzuheben, dass nicht nur die Abläufe innerhalb jeder einzelnen Abteilung zu organisieren sind, sondern auch eine abteilungsübergreifende Abstimmung und Optimierung im Sinne einer kundenorientierten Ausrichtung erfolgen muss. Um alle Abläufe zu verbessern und von unnötiger Ballast zu befreien (z.B. unnötige Vervielfältigung von Dokumenten), sollten in einer begrenzten Anzahl von effizienten Workshops, mit Teilnehmern aus allen Abteilungen, Lösungen in Form von Anweisungen und Richtlinien erarbeitet, dokumentiert sowie der Geschäftsleitung zur Entscheidung vorgelegt werden. Zur Erarbeitung von Vorschlägen dienen bspw. die Hilfsmittel Brainstorming- und/oder Metaplan-Technik.

Auswirkung(en):
- effiziente Ablaufstrukturen helfen Kosten zu senken (z.B. Reduzierung von Personalkosten, aufgrund weniger Fehler und minimierter Wartezeiten)
- verbesserte Rentabilität (Gewinnsteigerung)
- gestiegene Arbeitsqualität
- höhere Kundenzufriedenheit führt ggf. zu Mehrerlösen

Notiz(en)/ Bemerkung(en):

Realisierbar im eigenen Unternehmen?   ☐ ja   ☐ nein

„Ja, ich möchte die Kosten senken – aber richtig!"

Maßnahme:	Zielgerichtetes Projektmanagement, soweit ein klarer Projektauftrag vorliegt	**Tipp-Nummer** **3**

Aufwandskonto: 6 ... – betriebliche Aufwendungen

Erläuterungen zur Maßnahme:	Projekte begleiten oft den täglichen Berufsalltag. Immer wieder stehen „Sonderaufgaben" an, die im Rahmen eine Projektes schnell und erfolgreich erledigt werden sollen. Durch ein zielgerichtetes Projekt-Management, d.h. durch den Einsatz von geeigneten Planungs- und Steuerungsinstrumente und die gezielte Anwendung von Führungsmethoden und Organisationsmodellen, müssen „Dauerprojekte" vermieden werden und eine strukturierte und damit effiziente Projektarbeit forciert werden. Leider ist es üblich geworden, für jede noch so kleine Aufgabe erst einmal eine, aus zu vielen Mitarbeitern bestehende, „Projektgruppe" zu bilden, die sich dann über längere Zeit mit diesem Thema beschäftigt. Aus diesem Grund muss darauf geachtet werden, dass eine Projektgruppe nur dann gebildet wird, wenn es einen entsprechend klaren Projektauftrag gibt. Darin wird das Ziel, der Kostenträger sowie der Zeit- und Kostenrahmen eindeutig definiert.
Auswirkung(en):	• Senkung der Personalkosten, aufgrund einer höheren Arbeitseffektivität • schneller und erfolgreicher Projektabschluss unter Einhaltung des Kostenrahmens (z. B. Reisekosten)
Notiz(en)/ Bemerkung(en):	

Realisierbar im eigenen Unternehmen?		☐ ja	☐ nein

„Ja, ich möchte die Kosten senken – aber richtig!"

Verschiedene Kontengruppen

Maßnahme:	Permanentes Controlling	Tipp-Nummer **4**

Aufwandskonto: 6 ... – betriebliche Aufwendungen

Erläuterungen zur Maßnahme: Zur ergebnisorientierten und auf die Zukunft ausgerichteten Planung, Steuerung und Überwachung eines Unternehmens ist ein wirksames, kontinuierliches „Controlling" erforderlich. Die oft vorherrschende Meinung, dass Controlling nur als Kontrolle zu verstehen ist, ist unzureichend. Ein funktionierendes Controlling muss permanent stattfinden. Es beinhaltet eine strategische Planung und Kontrolle (Frühwarnung, Nachkalkulation), ein internes Berichtswesen (Berichte, Kennzahlen), eine operative Planung (Budgetierung) und eine regelmäßige Soll/Ist-Budgetkontrolle (Abweichungsanalyse). Hervorzuheben ist, dass unter Controlling auch das rechtzeitige Steuern zu verstehen ist. D.h. es müssen bei negativen Abweichungen unbedingt auch geeignete Vorschläge zur Gegensteuerung erarbeitet und von der Geschäftsleitung verabschiedet werden.

Auswirkung(en):
- frühzeitiges Erkennen von Kosten- und Umsatzabweichungen und möglichen Ursachen
- rechtzeitige Einleitung von Maßnahmen zur klaren Ergebnisverbesserung
- Vermeidung von Missverständnissen und daraus resultierenden Fehlentscheidungen

(Vgl. Ziegenbein, 1995, a.a.O., S. 64)

Notiz(en)/ Bemerkung(en):

Realisierbar im eigenen Unternehmen?	☐ ja	☐ nein

„Ja, ich möchte die Kosten senken – aber richtig!"

Maßnahme: Richtiger Führungsstil

Tipp-Nummer 5

Aufwandskonto: 6 ... – betriebliche Aufwendungen

Erläuterungen zur Maßnahme:	Falsche Mitarbeiterführung kann teuer werden. Der richtige Führungsstil muss u.a. folgende Elemente beinhalten: • Führung regelmäßiger Personalgespräche in denen u.a. klare Mitarbeiterziele gemeinsam vereinbart werden, die mit den generellen Unternehmenszielen übereinstimmen • durch offene Kommunikation und Ehrlichkeit (konstruktive Kritik üben / loben) eine Vertrauensbasis schaffen • Gleichbehandlung von Mitarbeitern bzw. Abteilungen (kein „Hofieren" z.B. des Vertriebs oder einzelner Mitarbeiter) • Mitarbeiter mit genügend Entscheidungsfreiheit ausstatten • Teamgeist durch organisatorische Maßnahmen fördern • Zulassung von konstruktiver Mitarbeiter-Kritik • Quertreiber, Intriganten, Saboteure umgehend freisetzen • Kostenbewusstsein schärfen (z.B. via Erfolgsprämie) • Führungskräfte müssen in jeder Hinsicht ein Vorbild sein
Auswirkung(en):	• Senkung der Personal- und Prozesskosten, aufgrund niedrigerer Ausfallzeiten, höherer Motivation, geringerer Fluktuation und damit verbundenen Neu-Einstellungskosten, höherer Produktivität sowie permanenter Verbesserung der Organisation
Notiz(en)/ Bemerkung(en):	

Realisierbar im eigenen Unternehmen? ☐ ja ☐ nein

„Ja, ich möchte die Kosten senken – aber richtig!"

Maßnahme:	Verbesserung der internen Kommunikation	Tipp-Nummer **6**

Aufwandskonto: 6 ... – betriebliche Aufwendungen

Erläuterungen zur Maßnahme:
Mangelnde Kommunikation ist ein Hauptgrund für unternehmerische Misserfolge. Kommunikation heißt, dass ausreichend, offen und gezielt Informationen ausgetauscht werden. Dazu zählt die rechtzeitige Ankündigung von betrieblichen Veränderungen (z.B. Umstrukturierungen in der Ablauforganisation) genauso, wie die transparente Darstellung der betriebswirtschaftlichen Ist-Situation. Unliebsame Entscheidungen sollten weitgehend begründet werden, um das Verständnis der Mitarbeiter zu erlangen (bspw. wenn Mitarbeiter, aufgrund der schwierigen betriebswirtschaftlichen Lage freigesetzt werden müssen). Auch zwischen den Mitarbeitern muss eine faire Kommunikation stattfinden. So sollten bspw. auch „Tipps & Tricks" untereinander ausgetauscht werden, die das operative Tagesgeschäft erleichtern.
(Siehe auch Maßnahme „Wissenstransfer forcieren".)

Auswirkung(en):
- Vermeidung von Konflikten, Stresssituationen, Frustration, aufgrund mangelnder Information
- Fehlleistungen und Doppelarbeiten werden minimiert
- gezielte Informationen steigern das Handlungsbewusstsein jedes einzelnen Mitarbeiters (bspw. wenn ihm die schlechte Auftragslage bekannt ist)
- Erhöhung der Mitarbeitermotivation zu „low cost"
- Senkung von verschiedenen Kosten (z.B. Personalkosten)

Notiz(en)/ Bemerkung(en):

Realisierbar im eigenen Unternehmen? ☐ ja   ☐ nein

„Ja, ich möchte die Kosten senken – aber richtig!"

		Tipp-Nummer
Maßnahme:	Wissenstransfer forcieren	**7**

Aufwandskonto: 6 ... – betriebliche Aufwendungen

Erläuterungen zur Maßnahme:	Fehlendes Wissen ist eine häufige Ursache für Fehlleistungen und Doppelarbeiten. Dieses Defizit entsteht jedoch auch daher, weil Ideen und Know-how im eigenen Kollegenkreis, aufgrund von „Konkurrenzdenken" und Bequemlichkeit einzelner Mitarbeiter oder ganzer Abteilungen, nur selten ausgetauscht werden. Mit einem definierten Wissenstransfer, in Form von einer zentralen Unternehmensdatenbank (mit indiv. Benutzerzugriffsbeschränkungen), kann dieses Wissen allen Mitarbeitern zugänglich gemacht werden. Durch ausführliche Informationen, Arbeitsanweisungen, Zielvereinbarungen bzw. Anreizsysteme bis hin zu Sanktionen bei Nichtbeteiligung muss die ausschließliche Nutzung und permanente Aktualisierung dieser „Wissensplattform" durch alle Mitarbeiter sichergestellt werden. Darüber hinaus muss u.U. allen oder einzelnen Beteiligten der allseitige Nutzen und der Sinn und Zweck vom „Geben und Nehmen" bewusst gemacht werden.
Auswirkung(en):	<ul><li>Senkung der Personalkosten (Zeitersparnis, aufgrund weniger Fehlleistungen und Doppelarbeiten sowie wiederholter Wissensrecherche)</li><li>schneller Wissenstransfer</li><li>Erhaltung des Wissens, auch nach dem einzelne Mitarbeiter bzw. „Wissensträger" das Unternehmen verlassen haben</li><li>Vermeidung von „Abhängigkeiten" von Wissensträgern</li><li>erhöhte, kontinuierliche Liefer- und Leistungsqualität</li></ul>
Notiz(en)/ Bemerkung(en):	

Realisierbar im eigenen Unternehmen? ☐ ja ☐ nein

„Ja, ich möchte die Kosten senken – aber richtig!"

Maßnahme:	Ideen-Management	**Tipp-Nummer**
		8

Aufwandskonto: 6 ... – betriebliche Aufwendungen

Erläuterungen zur Maßnahme: Eine permanente Verbesserung der Abläufe und Leistungen ist häufig erforderlich. Mit einem sog. „Ideen-Management" kann das erhebliche Ideen-Potenzial der eigenen Mitarbeiter wirksam genutzt werden. Mögliche Formen sind dabei oft die Einrichtung eines betrieblichen Vorschlagswesens und/oder eines sog. Qualitätszirkels. Beim betrieblichen Vorschlagswesen werden alle Vorschläge zentral gesammelt (bspw. in einer Datenbank), geprüft und dann ggf. umgesetzt. Eine materielle Anerkennung über ein Prämiensystem und/oder eine immaterielle Anerkennung (z.B. Hinweis(e) in unternehmensinternen Kommunikationskanälen oder sogar der lokalen Presse) zu jedem realisierten Verbesserungsvorschlag kann dabei die Kreativität der Mitarbeiter besonders fördern bzw. anspornen. Beim Qualitätszirkel werden in kleinen, freiwilligen Gruppen mgl. Probleme besprochen und Lösungen erarbeitet. (Siehe Maßnahme: „Kaizen / kontinuierlicher Verbesserungsprozess".)

Auswirkung(en):
- Kosteneinsparungen (in unterschiedlichsten Kostenarten), aufgrund der Realisierung der Verbesserungsvorschläge
- Steigerung der Mitarbeitermotivation (Ansporn)
- Steigerung der Qualität und Quantität
- Senkung der Anzahl an Kundenreklamationen und damit Erhöhung der Kundenzufriedenheit

(Vgl. Hartmann, o.J., a.a.O., S. 10-12)

Notiz(en)/ Bemerkung(en):

Realisierbar im eigenen Unternehmen? ☐ ja ☐ nein

„Ja, ich möchte die Kosten senken – aber richtig!"

Maßnahme:	Durchführung von Mitarbeiterbefragungen	Tipp-Nummer **9**

Aufwandskonto: 6 ... – betriebliche Aufwendungen

Erläuterungen zur Maßnahme:	Der Mitarbeiter ist eine der wertvollsten Informationsquellen im Unternehmen. Um mögliche Informationen zu aktuellen Problemen/Schwachstellen in der Organisation zu erfahren, bieten sich Mitarbeiterbefragungen an. Der Erfolg einer Befragung wird maßgeblich durch eine hohe, eventuell auch anonyme, Mitarbeiterbeteiligung beeinflusst. Daher ist es absolut wichtig, dass im Vorfeld dieser Befragung seitens der Geschäftsleitung der Sinn und Zweck offen kommuniziert wird. Ebenso sollte sich der Fragenkatalog durch sinnvolle Fragen (z.B. Wo können Kosten gesenkt werden?) und einen freien Bemerkungsteil auszeichnen. Die Auswertung der Befragung muss zeitnah erfolgen, das Ergebnis an alle kommuniziert werden und letztendlich müssen unmittelbar Maßnahmen, auf Basis der gewonnenen Erkenntnisse, eingeleitet werden.
Auswirkung(en):	<ul><li>Erkennung von Potenzialen (bspw. von Kostensenkungsmöglichkeiten), die den Unternehmenserfolg positiv beeinflussen</li><li>Steigerung der Mitarbeitermotivation, da die Meinung des Mitarbeiters wichtig ist</li></ul>
Notiz(en)/ Bemerkung(en):	

Realisierbar im eigenen Unternehmen?   ☐ ja   ☐ nein

„Ja, ich möchte die Kosten senken – aber richtig!"

Maßnahme:	Kaizen / kontinuierlicher Verbesserungsprozess	Tipp-Nummer **10**

Aufwandskonto: 6 ... – betriebliche Aufwendungen

Erläuterungen zur Maßnahme: Da es in fast jedem Unternehmen Verbesserungspotenzial gibt, sollen mit der Managementmethode „Kaizen" systematisch alle Geschäftsprozesse ganzeinheitlich verbessert werden. Durch einen kontinuierlichen Verbesserungsprozess sollen die Qualität und Liefertreue erhöht, die Kosten gesenkt und die Kundenzufriedenheit maximiert werden. Zur Erkennung von Fehlern, Verschwendungen, Problemen und Verbesserungsmöglichkeiten soll dabei das Ideenpotenzial von motivierten Mitarbeitern genutzt werden, denen zuvor bewusst gemacht wurde, dass durch möglichst kurzfristig umgesetzte Rationalisierungen niemand den Arbeitsplatz verliert. Eine strukturierte „Schwachstellenanalyse" konzentriert sich dabei auf Überproduktion, Lagerung, Transport, Bewegungen, Wartezeiten, den Fertigungsprozess und Arbeitsfehler.

Auswirkung(en):
- Kostensenkung in den verschiedensten Bereichen
- höhere Durchlaufzeiten
- Qualitätsverbesserung (weniger Fehler und Ausschuss)
- Senkung der Garantieaufwendungen
- Erhöhung der Kundenzufriedenheit
- Verbesserung des Betriebsergebnisses
- gestiegene Mitarbeitermotivation und Teamzusammenarbeit

(Vgl. Junker, 2003, a.a.O., S. 36-38)

Notiz(en)/ Bemerkung(en):

Realisierbar im eigenen Unternehmen? ☐ ja ☐ nein

„Ja, ich möchte die Kosten senken – aber richtig!"

Maßnahme:	Effiziente, regelmäßige, erfolgreiche Meetings	Tipp-Nummer **11**

Aufwandskonto: 6 ... – betriebliche Aufwendungen

Erläuterungen zur Maßnahme:	Zwischenmenschliche Kommunikation in Form von regelmäßigen Meetings ist wichtig. Um unproduktive „Langzeitveranstaltungen" zu vermeiden, sind folgende Punkte zu beachten: • Notwendigkeit eines geplanten Meetings im Vorfeld prüfen • Definition des Veranstaltungsortes unter Beachtung ggf. anfallender Reisekosten und mgl. in eigenen Räumlichkeiten • ausgewählten Teilnehmerkreis mit ausreichender Fach- und Entscheidungskompetenz festlegen • Einladung mit klarer Agenda und Zeitplanung versenden • gründliche Vorbereitung durch jeden Teilnehmer erbitten • pünktlicher Beginn und definiertes Ende des Meetings • Durchsetzung einer Gesprächsdisziplin (kurze, klare Fragen und Antworten ohne Abschweifungen und Worthülsen) • ggf. geübten Moderator einsetzen (ab >= 4 Teilnehmer) • Einsatz von diversen Techniken, wie z.B. Brainstorming-, Metaplan-Technik zur effizienten Entscheidungsfindung
Auswirkung(en):	• Senkung der Personalkosten, aufgrund eines geringeren Zeitaufwandes für Meetings und Schaffung von zusätzlichen Freiräumen für andere wichtige Tätigkeiten • Minimierung ggf. anfallender Reisekosten • Vermeidung mgl. Frustration bei Meeting-Teilnehmern • erfolgsorientierte Entscheidungsfindung und Problemlösung • eine weitere Möglichkeit, um den Erfahrungsaustausch und Wissenstransfer im Unternehmen zu unterstützen *(Vgl. Rose, 2000, a.a.O. , S. 180-184)*
Notiz(en)/ Bemerkung(en):	

Realisierbar im eigenen Unternehmen?		☐ ja	☐ nein

„Ja, ich möchte die Kosten senken – aber richtig!"

| **Maßnahme:** | Disziplin im Unternehmen | Tipp-Nummer **12** |

Aufwandskonto: 6 ... – betriebliche Aufwendungen

Erläuterungen zur Maßnahme: In jedem gut organisierten Unternehmen sind alle Geschäftsprozesse strukturiert und hinreichend dokumentiert. Leider werden bestehende Abläufe immer wieder von eigenen Mitarbeitern und Führungskräften unterwandert. Dadurch wird die Verbindlichkeit der vorhandenen Abläufe geschwächt und es werden zunehmend immer mehr Ausnahmen gemacht. Dadurch entstehen Folgeprobleme und die bestehende, korrekte Organisation wird fälschlicherweise immer wieder in Frage gestellt. Natürlich sind Ausnahmen in jedem Unternehmen erforderlich, jedoch nur in begründeten Fällen und nicht zur Erlangung persönlicher Vorteile oder aufgrund eigener Faulheit. Aus diesem Grund ist es zwingend erforderlich, dass gemeinsam definierte und verabschiedete Abläufe eingehalten werden.

Auswirkung(en):
- Senkung der Personal- und Prozesskosten, aufgrund der Einhaltung der bestehenden Abläufe und Vereinbarungen

Notiz(en)/ Bemerkung(en):

| Realisierbar im eigenen Unternehmen? | ☐ ja | ☐ nein |

„Ja, ich möchte die Kosten senken – aber richtig!"

Maßnahme:	Customer Relationship Management (CRM)	Tipp-Nummer **13**

Aufwandskonto: 6 ... – betriebliche Aufwendungen

Erläuterungen zur Maßnahme:	„Customer Relationship Management" heißt, dass in kundenorientierten Unternehmen alle Unternehmensprozesse auf die Anforderungen bestehender und zukünftiger Kunden ausgerichtet werden, um allen Interessenten/Kunden zum richtigen Zeitpunkt das passende Angebot machen zu können. Diese Focusierung auf den Kunden hat verschiedene, große Auswirkungen auf den Unternehmenserfolg. Sehr kundenorientiertes Arbeiten ist jedoch auch mit Kosten verbunden. Dazu zählen bspw. spezielle Preisnachlässe, Kundengeschenke, die Einrichtung eines Beschwerdemanagements oder der Personalaufwand zum Führen einer praxisüblichen CRM-Datenbank. Aus diesem Grund sollte man sich auf die besonders profitablen Kunden konzentrieren bzw. den CRM-Aufwand an der indiv. Kundenbedeutung (A/B/C-Kunden) ausrichten.
Auswirkung(en):	<ul><li>Senkung der Prozesskosten, da bspw. im Rahmen von CRM mgl. Fehlerquellen beseitigt und anschließende, zeitintensive Korrekturarbeiten vermieden werden</li><li>Senkung der Werbekosten, da die Betreuung bestehender Kunden wesentlich günstiger ist, als die kostenintensive Neukundengewinnung</li><li>höhere Kundenzufriedenheit und Kundenloyalität</li><li>Umsatzsteigerung</li></ul>*(Vgl. Hartmann, 2000, a.a.O., S. 11-14)*
Notiz(en)/ Bemerkung(en):	

Realisierbar im eigenen Unternehmen?	☐ ja	☐ nein

„Ja, ich möchte die Kosten senken – aber richtig!"

Maßnahme:	Nur „marktreife" Produkte und Dienstleitungen anbieten	Tipp-Nummer **14**

Aufwandskonto: 6 ... – betriebliche Aufwendungen

Erläuterungen zur Maßnahme: Eigentlich müsste es selbstverständlich sein, dass Unternehmen mit einem neuen Produkt oder einer neuen Dienstleistung erst dann auf den Markt gehen, wenn sichergestellt ist, dass das Produkt marktreif und nicht mit unzähligen Fehlern behaftet ist. In der Praxis sieht dies jedoch z.T. anders aus. Daher ist es absolut zwingend, jedes neue Produkt bzw. die neue Dienstleistung im Vorfeld ausreichend zu testen. Es dürfen keine längeren Tests beim Kunden stattfinden, da diese neben Kosten auch einen Imageschaden verursachen. Die Mitarbeiter, die dieses neue Produkt anbieten und ggf. dafür Serviceleistungen erbringen, müssen auch über ausreichendes Know-how verfügen. Auch eine kundenorientierte, interne Administration muss gewährleistet werden (z.B. muss die neue Dienstleistung mit der EDV zuverlässig fakturierbar sein).

Auswirkung(en):
- effizienter Personaleinsatz
- Minimierung der Kosten, aufgrund von Gewährleistungsverpflichtungen
- Vermeidung von Kosten für eventuelle Schadensersatzforderungen
- höhere Kundenzufriedenheit
- Unterbinden von Imageverlusten (unprofessionelles Auftreten am Markt)

Notiz(en)/ Bemerkung(en):

Realisierbar im eigenen Unternehmen? ☐ ja ☐ nein

„Ja, ich möchte die Kosten senken – aber richtig!"

Maßnahme: Klares Angebots- und Vertragswesen

Tipp-Nummer

15

Aufwandskonto: 6 ... – betriebliche Aufwendungen

Erläuterungen zur Maßnahme:	Leider wird in vielen Unternehmen der Vertrieb als die „heilige Kuh" angesehen. Fehlende Strukturen und daraus resultierende Fehler werden oft in allen Abteilungen, nur nicht im Vertrieb, gesucht. Dabei trägt gerade der Vertrieb mit einem strukturierten Angebots- und Vertragswesen erheblich zum Senken von Kosten bei. Es muss klare Grenzen geben, was der Vertrieb zu welchem Preis und zu welchen Nebenabreden anbieten darf. Zu häufig wird, aufgrund eines nur auf Umsatz ausgerichteten Vertriebes, jedes noch so schlechte Geschäft realisiert. Zum schlechten Preis kommen dann noch unwirtschaftliche Zusatzvereinbarungen hinzu, die nur mit großem, unrentablen Kostenaufwand erfüllt werden können. Daher muss es feste Vertragsarten, einen Katalog über mögliche, vorformulierte Zusatzvereinbarungen und eine Preisliste mit definierten Rabattspielräumen geben.
Auswirkung(en):	• Senkung der Prozesskosten im gesamten Unternehmen, da bspw. eine Auftragsabwicklung immer wieder neu kreierte Zusatzvereinbarungen nicht mehr „enträtseln" und „interpretieren" muss • Vermeidung von Fehlern und Missverständnissen • Unterbinden von unwirtschaftlichen Zusatzvereinbarungen • Verbesserung des Betriebsergebnisses • Erhöhung der Kundenzufriedenheit
Notiz(en)/ Bemerkung(en):	

Realisierbar im eigenen Unternehmen? ☐ ja ☐ nein

„Ja, ich möchte die Kosten senken – aber richtig!"

Maßnahme:	Wirksame Allgemeine Geschäftsbedingungen (AGB's)	Tipp-Nummer **16**

Aufwandskonto: 6 ... – betriebliche Aufwendungen

Erläuterungen zur Maßnahme: „Allgemeinen Geschäftsbedingungen" enthalten Vertragsbedingungen, die mit Vertragsabschluß für beide Vertragsparteien gelten (Siehe auch §§ 305 - 310 BGB). Wirksame AGB's vermeiden bzw. senken Kosten. So können bspw. Klauseln zu den Zahlungsbedingungen einen kurzfristigen Zahlungseingang bewirken und Preisanpassungsklauseln geplante Preiserhöhungen ermöglichen. Aber auch Sicherungsklauseln, wie die Lieferung unter „Eigentumsvorbehalt" können das Eigentum sichern. Ebenso können in AGB's die Gewährleistungsfristen beim Verkauf von beweglichen Sachen reduziert werden. Z.B. für neue Gegenstände von 24 auf 12 Monate, wenn beide Vertragspartner Unternehmer sind, was eventuelle Kosten aus Gewährleistungsverpflichtungen erheblich reduziert.

Auswirkung(en):
- Senkung von verschiedenen Kostenarten, wie z.B. Kosten für Gewährleistung, Zwischenfinanzierung, Wertberichtigungen usw.
- Unterstützung von notwendigen Preiserhöhungen zur Sicherung des betriebswirtschaftlichen Erfolges
- Reduzierung von mgl. Haftungsrisiken und daraus entstehender Kosten

(Vgl. Marx/Wenglorz, 2001, a.a.O., S. 241)

Notiz(en)/ Bemerkung(en):

Realisierbar im eigenen Unternehmen?　☐ ja　☐ nein

„Ja, ich möchte die Kosten senken – aber richtig!"

Maßnahme:	Verständliche Dokumente	Tipp-Nummer
		17

Aufwandskonto: 6 ... – betriebliche Aufwendungen

Erläuterungen zur Maßnahme:	Haben Sie schon einmal darüber nachgedacht, ob Kunden z.B. Ihre Rechnungen, Mahnungen und Bedienungsanleitungen überhaupt verstehen? Rufen sie immer wieder verärgert an und wollen diese Dokumente erklärt haben? Unübersichtliche, missverständliche Dokumente können in Ihrem Haus zu zeit- und damit kostenintensiven Rückfragen führen. Im Falle von unklaren Rechnungen und Mahnungen kann es zu Zahlungsverzögerungen bzw. Falschüberweisungen kommen, die in der Folge unnütze Bearbeitungskosten hervorrufen, Ihre Liquidität beeinträchtigen und u.U. Kosten für eine erforderliche Zwischenfinanzierung verursachen. Eine unverständliche Bedienungsanleitung kann zu Fehlbedienungen führen. Daher macht es Sinn zu prüfen, wie verständlich alle Ihre, für Kunden bestimmten, Dokumente sind. Unverständliche Dokumente sind unbedingt entsprechend zu verbessern.

Auswirkung(en):	<ul><li>Personalkostensenkung, aufgrund weniger Rückfragen</li><li>kurzfristige Zahlungseingänge mindern die Kosten für eventuell erforderliche Zwischenfinanzierungen und verbessern die eigene Unternehmens-Liquidität</li><li>durch fachkundige Bedienungsanleitungen weniger Fehlbedienungen innerhalb der Gewährleistungs- und mgl. Garantiefristen</li><li>höhere Kundenzufriedenheit, da sich auch der Kunde die Zeit für Rückfragen spart</li></ul>
Notiz(en)/ Bemerkung(en):	

Realisierbar im eigenen Unternehmen?	☐ ja	☐ nein

„Ja, ich möchte die Kosten senken – aber richtig!"

| **Maßnahme:** | Rationelle Forschung und Entwicklung | Tipp-Nummer **18** |

Aufwandskonto: 6 ... – betriebliche Aufwendungen

Erläuterungen zur Maßnahme: Fast alle Unternehmen sind aufgrund des starken Wettbewerbes gezwungen, in immer kürzeren Abständen neue Produkte auf den Markt zu bringen. Zu diesem Zweck ist eine rationelle Forschungs- und Entwicklungsarbeit unabdingbar. Folgende Maßnahmen entlasten Forschungs- und Entwicklungsbudgets und beschleunigen den Entwicklungsprozess:

- Einsatz von CAD (computer aided design)
- Entwicklungskooperation / Austausch von Konstruktionsunterlagen über eine Internet-Plattform nach dem Prinzip vom „Geben und Nehmen"
- stärkere Produktnormung
- Simultaneous Engineering, d.h. größtmögliche parallele Bearbeitung von Vorgängen zur deutlichen Verkürzung der Entwicklungszeiten
- Rationalisierung des Konstruktionsprozesses

Auswirkung(en):
- Senkung der Personal- und Prozesskosten
- verkürzte Entwicklungszeiten sind ein entscheidender Wettbewerbsvorteil

Notiz(en)/ Bemerkung(en):

| Realisierbar im eigenen Unternehmen? | ☐ ja | ☐ nein |

„Ja, ich möchte die Kosten senken – aber richtig!"

| **Maßnahme:** | Kostenbewusste Produktgestaltung | **Tipp-Nummer** **19** |

Aufwandskonto: 6 ... – betriebliche Aufwendungen

Erläuterungen zur Maßnahme:	Die erzielbare Qualität sowie die Montage-, Material- und Recyclingkosten eines Produktes werden bei dessen Entwicklung und Konstruktion maßgeblich festgelegt. Maßnahmen zur Kostenbeeinflussung im Produktentstehungsprozess sind: • materialsparende Produktgestaltung (z.B. durch Sparbau, alternative Materialien) • montagegerechte Produktgestaltung (z.B. durch eine durchdachte Formgebung das Fügen erleichtern) • Reduzierung der Teilezahl (z.B. durch die Verwendung von Gleichteilen) • Verringerung der Anzahl an Arbeitsgängen (z.B. durch den Einsatz von oberflächenbehandelten Materialien, um ein separates Lackieren zu vermeiden) • Verzicht auf Verpackungskomponenten • demontagegerechte Konstruktion, die ein zukünftiges Recycling erleichtert
Auswirkung(en):	• Senkung von verschiedenen Kosten (Material-, Personal- und Prozesskosten)
Notiz(en)/ Bemerkung(en):	

Realisierbar im eigenen Unternehmen?   ☐ ja   ☐ nein

„Ja, ich möchte die Kosten senken – aber richtig!"

Verschiedene Kontengruppen

| **Maßnahme:** | Kostengünstiges Fertigungsverfahren | Tipp-Nummer **20** |

Aufwandskonto: 6 ... – betriebliche Aufwendungen

Erläuterungen zur Maßnahme: Die Herstellung eines jeden Produktes erfolgt über mindestens ein Fertigungsverfahren. Die Fertigungsverfahren untergliedern sich in sechs Hauptgruppen: Urformen (z.B. Gießen), Umformen (z.B. Biegen), Trennen (z.B. Sägen), Fügen (z.B. Kleben), Beschichten (z.B. Lackieren) und Stoffeigenschafts-Änderung (z.B. Härten). Mit dem richtigen Verfahren und deren Kombination untereinander können die Herstellungskosten eines Produktes nachhaltig reduziert werden. So ist es bspw. wirtschaftlicher, ein Zahnrad im Spritzgussverfahren herzustellen, als es in Einzelfertigung zu fräsen. Die Entscheidung über den Einsatz eines bestimmten Fertigungsverfahrens hängt jedoch nicht nur von wirtschaftlichen Aspekten ab. Auch die Quantität, Qualität, Größe und Komplexität des herzustellenden Bauteils bzw. Produktes sowie dessen erforderlichen chemischen und mechanischen Eigenschaften beeinflussen die Auswahl.

Auswirkung(en):
- Senkung der Herstellkosten
- Durchlaufzeitenverkürzung bzw. verkürzte Lieferzeiten

Notiz(en)/ Bemerkung(en):

| Realisierbar im eigenen Unternehmen? | ☐ ja | ☐ nein |

„Ja, ich möchte die Kosten senken – aber richtig!"

Maßnahme:	Passende Organisation der Fertigung	Tipp-Nummer **21**

Aufwandskonto: 6 ... – betriebliche Aufwendungen

Erläuterungen zur Maßnahme:	Werkstattfertigung, Gruppenfertigung, Fließfertigung, Baustellenfertigung sind die vier grundsätzlichen Organisationstypen der Fertigung. Jeder Organisationstyp, charakterisiert durch die Zusammenfassung und räumliche Anordnung von Maschinen und Arbeitsplätzen, zeichnet sich durch bestimmte Vorteile und Nachteile aus. Welcher Organisationstyp für das Unternehmen betriebswirtschaftlich am besten geeignet ist, kann nur durch ein Abwägen der Vor- und Nachteile der einzelnen Organisationstypen ermittelt werden, um den gesamten Produktionsprozess so effizient wie möglich zu gestalten. So ist bspw. die Einrichtung einer Fließfertigung sehr aufwendig und mit einem hohen Kapitalbedarf für die Fertigungseinrichtung verbunden und somit letztendlich nur für Großserien- bzw. Massenfertigungen wirtschaftlich. Für eine auftragsorientierte Einzelfertigung eignet sich dagegen eher die Werkstattfertigung.
Auswirkung(en):	<ul><li>Senkung bzw. Optimierung der Kostenstruktur</li><li>höchstmögliche Produktivität unter Beachtung der gewünschten Flexibilität</li><li>Reduzierung der Durchlaufzeiten / bestmöglich Termintreue</li></ul>
Notiz(en)/ Bemerkung(en):	

Realisierbar im eigenen Unternehmen?	☐ ja	☐ nein

„Ja, ich möchte die Kosten senken – aber richtig!"

Maßnahme:	Präzise Produktionsplanung und -steuerung	Tipp-Nummer **22**

Aufwandskonto: 6 ... – betriebliche Aufwendungen

Erläuterungen zur Maßnahme:	Eine präzise Produktionsplanung und -steuerung fördert kürzere Durchlaufzeiten, geringere Lagerbestände, eine höhere Kapazitätsauslastung sowie Lieferbereitschaft/Termintreue und somit niedrigere Kosten. In allen drei Teilbereichen der Produktionsplanung und -steuerung: Materialwirtschaft (Lagerhaltung, Materialbedarfsplanung), Fertigungsplanung (Terminplanung, Kapazitätsabgleich) und Fertigungssteuerung (Steuerung der Fertigungsprozesse, Auftragsüberwachung) kann gezielt Einfluß auf die Kostenstruktur genommen werden. So werden bspw. durch eine exakte Losgrößenplanung innerhalb der Materialwirtschaft die gegenläufigen Kostengrößen, Rüstkosten und Lagerkosten, optimiert. Als weiteres Beispiel ist der zunehmende Einsatz von EDV-gestützten Systemen zur Fertigungssteuerung (CAM = computer aided manufacturing), d.h. z.B. von automatisierten Lager- und Transporteinrichtungen oder PPS-Systemen, zu nennen.
Auswirkung(en):	• Senkung der Personalkosten durch Personaleinsparungen • niedrigere Fehlerquote bzw. Qualitätsverbesserung • kürzere Durchlaufzeiten • geringere Lagerbestände / Vermeidung von Überproduktion • höhere Kapazitätsauslastung (Maschinen, Personal) • verbesserte Lieferbereitschaft/Termintreue • Protokollierung von Betriebsdaten, Störmeldungen; daraus resultierend planmäßige Instandhaltung und zeitnahes Controlling (Ausfallzeiten, Störungen, Energiebedarf etc.)
Notiz(en)/ Bemerkung(en):	

Realisierbar im eigenen Unternehmen?	☐ ja	☐ nein

„Ja, ich möchte die Kosten senken – aber richtig!"

Maßnahme:	Geeignete Werkzeugmaschinen und Werkzeuge	Tipp-Nummer 23

Aufwandskonto: 6 ... – betriebliche Aufwendungen

Erläuterungen zur Maßnahme:	Geeignete Werkzeugmaschinen und Werkzeuge beeinflussen die Kostenstruktur und Produktivität im Fertigungsprozess positiv. Dazu bieten sich folgende Maßnahmen an: • Verwendung von geeigneten, qualitativ hochwertigen Werkzeugen, mit denen das Ziel so effizient wie möglich erreicht wird und deren Verschleiß minimal ist • Einsatz von Multifunktionswerkzeugen, um Werkzeugwechsel- und Bearbeitungszeiten zu minimieren • Nutzung modernster, richtig eingestellter Werkzeugmaschinen (z.b. mit hoher Schnittgeschwindigkeit und Schnitttiefe) • Anschaffung von Multi-Tasking-Maschinen, um Werkstücke in einer einzigen Aufspannung bearbeiten zu können (z.B. Dreh-Fräszentren) • regelmäßige Wartung und Instandhaltung aller Maschinen und Werkzeuge (z.B. Nachschleifen von Bohrern) • EDV-gestütztes Tool-Management zur Werkzeugverwaltung
Auswirkung(en):	• Senkung der Personal- und Prozesskosten, augrund minimierter Werkzeugwechsel- und Bearbeitungszeiten • reduzierte Werkzeugkosten, aufgrund von weniger Verschleiß • Qualitätssteigerung

Notiz(en)/ Bemerkung(en):

Realisierbar im eigenen Unternehmen? ☐ ja ☐ nein

„Ja, ich möchte die Kosten senken – aber richtig!"

Maßnahme:	Optimierte Betriebszeiten von Betriebs- mitteln	Tipp-Nummer **24**
Aufwandskonto:	6 ... – betriebliche Aufwendungen	

Erläuterungen zur Maßnahme:	Mit optimierten Betriebszeiten von Betriebsmitteln lässt sich die Kostenstruktur im Unternehmen positiv beeinflussen. Das Ziel dieser Maßnahme ist es, dass die Betriebsmittel nur zu dem Zeitpunkt „betriebsbereit" sind bzw. sein müssen, wenn eine tatsächliche Nachfrage besteht. So wäre es unwirtschaftlich, einen energieintensiven Saunabetrieb ganztäglich aufrecht zu erhalten, obwohl erst am Abend die Nachfrage seitens von Besuchern besteht. Vielmehr würde es Sinn machen, den Saunabetrieb auf bspw. 16:00 bis 20:00 Uhr zu beschränken. Ebenso ist es wirtschaftlicher, in den Wintermonaten die Heizungstemperatur in allen ungenutzten Büroräumlichkeiten an Wochenenden und Feiertagen herabzusenken. Ein weiteres Beispiel für die Entstehung unnötiger Kosten ist die Aktivierung nächtlicher Leucht-Außenwerbung an Firmenräumlichzeiten, bspw. zwischen 23:00 und 4:00 Uhr, obwohl kein Publikumsverkehr diese werbewirksam wahrnehmen kann.
Auswirkung(en):	• Senkung der Kosten, die im Zusammenhang mit der Bereitstellung von Betriebsmitteln (Energie-, Personal-, Wartungskosten etc.) anfallen

Notiz(en)/ Bemerkung(en):

Realisierbar im eigenen Unternehmen?	☐ ja	☐ nein

„Ja, ich möchte die Kosten senken – aber richtig!"

Maßnahme:	Sparen durch bewusste Redundanzen	Tipp-Nummer **25**

Aufwandskonto: 6 ... – betriebliche Aufwendungen

Erläuterungen zur Maßnahme:	Sparen durch bewusste Redundanzen heißt, dass Betriebsmittel wissentlich mehrfach angeschafft und an deren Einsatzorten dauerhaft hinterlegt werden. Ziel dieser Maßnahme ist es, einen wiederholten An- und Abtransport zu vermeiden. Ein Beispiel ist bspw. die mehrfache Anschaffung von großen, unhandlichen Arbeitsmitteln und deren permanenter Verbleib am Einsatzort (z.B. fahrbare Wasserbehälter zum Gießen aller Büropflanzen an jedem Standort platzieren). Natürlich ist eine Kostenanalyse im Vorfeld erforderlich, um ermitteln zu können, ob sich mittelfristig die mehrfachen Anschaffungskosten gegenüber den wiederkehrend anfallenden Personal- und Prozesskosten, die sich aus dem Transport ergeben, tatsächlich amortisieren.
Auswirkung(en):	- Senkung der Personal- und Prozesskosten, die im Rahmen eines permanenten An- und Abtransportes von Betriebsmitteln entstehen würden
Notiz(en)/ Bemerkung(en):	

Realisierbar im eigenen Unternehmen?	☐ ja	☐ nein

„Ja, ich möchte die Kosten senken – aber richtig!"

Maßnahme:	Verbesserung des Bestell- und Lagerwesens (Logistik)	Tipp-Nummer **26**

Aufwandskonto: 6 ... – betriebliche Aufwendungen

Erläuterungen zur Maßnahme:	Damit alle Artikel mengen- und termingerecht zur Verfügung stehen, ist ein optimales Bestell- und Lagerwesen erforderlich. So trägt eine genaue Materialdisposition, d.h. der richtige Bestellzeitpunkt und die optimale Bestellmenge, erheblich zur Kostensenkung bei. Mit Hilfe eines durchdachten Lagerwesens können mgl. zeitliche und mengenmäßige Verzögerungen ausgeglichen werden. Bspw. die Lagerordnung (z.b. chaotisch), die technische Ausstattung (z.B. Hochregal) und der Einsatz von Ladehilfsmitteln (z.B. Paletten) sind entscheidende Kriterien, die jeweils geprüft werden müssen. Aber auch der Einsatz von neuen Technologien, wie z.b. integrierte Warenwirtschaftssysteme, die via Datenfunk über jede Warenbewegung informiert werden und damit jederzeit wichtige Entscheidungsgrundlagen liefern, tragen zu einer Kostenreduzierung bei.

Auswirkung(en):	• Senkung der Lagerkosten (z.B. aufgrund geringerer Lagerfläche auch weniger Lagermiete) • Senkung der Personal- und Prozesskosten • Erhöhung der Liquidität (niedrigere Kapitalbindung) • termingerechte Bereitstellung der Artikel zur Vermeidung von Verzögerungen (Sicherstellung der Lieferbereitschaft) • Senkung der Bestellnebenkosten (z.B. Mindermengenzuschläge) *(Vgl. Blohm/Beer/Seidenberg/Silber, 1988, a.a.O. , 222-241)*

Notiz(en)/ Bemerkung(en):

Realisierbar im eigenen Unternehmen?	☐ ja	☐ nein

„Ja, ich möchte die Kosten senken – aber richtig!"

Maßnahme:	Lagerbestandsabbau	Tipp-Nummer
		27

Aufwandskonto: 6 ... – betriebliche Aufwendungen

Erläuterungen zur Maßnahme:	Mögliche Maßnahmen zum Lagerbestandsabbau sind u.a.: - örtliche Zentralisierung von Lagerorten - genaue Detailanalyse der Lagerreichweite (zur deutlichen Senkung der Lagerreichweiten) in Verbindung mit einer Erhöhung der Bestellfrequenz bei verkleinerter Bestellmenge - Reduzierung der Teilevielfalt - Vereinheitlichung der Rohmaterialien - Vereinbarung einer „Just in time"-Belieferung durch den Lieferanten - Sortimentsbereinigung - Abbau von Ladenhütern - Zukauf- und/oder Produktionsmenge der exakt prognostizierten Absatzmenge zeitlich anpassen - zielgerichtetes, regelmäßiges Bestands-Controlling - Bestandsverantwortliche so benennen, dass Verantwortliche und Verursacher von Beständen identisch sind
Auswirkung(en):	- Senkung der Lagerkosten (z.B. aufgrund geringerer Lagerfläche auch weniger Lagermiete) - Senkung der Personal- und Prozesskosten - Erhöhung der Liquidität (niedrigere Kapitalbindung) - Minimierung des Abwertungsbedarfes für Ladenhüter (Sonderabschreibung)

Notiz(en)/ Bemerkung(en):

Realisierbar im eigenen Unternehmen?	☐ ja	☐ nein

„Ja, ich möchte die Kosten senken – aber richtig!"

Maßnahme:	Einsatz von RFID-Funketiketten	Tipp-Nummer 28

Aufwandskonto: 6 ... – betriebliche Aufwendungen

Erläuterungen zur Maßnahme:	Mit Hilfe der RFID (Radio Frequency Identification)-Technologie lässt sich u.a. die gesamte Warenwirtschaft wirtschaftlicher gestalten. Ein RFID-System besteht immer aus einem Transponder, einem Lesegeräte und einer Antenne, die auch im Lesegerät integriert sein kann. Die individuell gespeicherten Information auf dem Transponder können „kontaktlos" per Funk, d.h. ohne Sichtkontakt ausgelesen und verändert werden. So kann bspw. eine Palette voller Kartons mit Funketiketten im einem Vorgang gelesen werden. Dies ist ein erheblicher Vorteil gegenüber den i.M. weit verbreiteten Barcode-Etiketten. Durch das Aufbringen von RFID-Transpondern in Etikettenform auf Waren und Transportverpackungen lässt sich jedes dieser Objekte jederzeit schnell lokalisieren und so die gesamte Logistikkette signifikant verbessern. Auch bei der Inventarisierung und permanenten Überwachung des Anlagevermögens bietet die RFID-Technik ein beträchtliches Rationalisierungspotenzial.
Auswirkung(en):	- schnelle Bestandsermittlung und stetige Lagerbestandsüberwachung - reduzierter Personalaufwand im Rahmen von Bestandsaufnahmen - permanente Inventur möglich - Rückgang der Diebstahlquote

Notiz(en)/
Bemerkung(en):

Realisierbar im eigenen Unternehmen?	☐ ja	☐ nein

„Ja, ich möchte die Kosten senken – aber richtig!"

Maßnahme: Regelmäßige Sortimentsbereinigung

Tipp-Nummer: 29

Aufwandskonto: 6 ... – betriebliche Aufwendungen

Erläuterungen zur Maßnahme:	Durch eine regelmäßige Sortimentsbereinigung lässt sich die Kostenstruktur positiv beeinflussen. Ziel ist ein straffes Sortiment, in dem Artikel, die ihre variablen Kosten nicht decken, selten vermarktet und/oder mehrfach von unterschiedlichen Lieferanten beschafft werden, nicht bevorratet werden. Zur Sortimentsbereinigung empfiehlt sich die Erstellung einer Produkthitliste, die die Deckungsbeiträge pro Artikel absolut und im Verhältnis zum Umsatz enthält. Anschließend kann auf Basis der ermittelten Deckungsbeiträge eine ABC-Analyse vorgenommen werden. Abschließend ist dann zu prüfen, welche Ergebnisauswirkung eine Reduzierung ausgewählter Artikel hat und ob dadurch die Vermarktung anderer Artikel, mit einem höheren Deckungsbeitrag, forciert werden kann. In die endgültige Entscheidung der Sortimentsbereinigung ist auch die Kostenauswirkung auf die Bereiche Einkauf, Lagerhaltung, Entwicklung, Produktion, Vertrieb und Service mit einzubeziehen.
Auswirkung(en):	<ul><li>reduzierte Lagerbestände und somit eine geringere Kapitalbindung und höhere Liquidität, ein vermindertes Warenbestandsabwertungs-Risiko, weniger Lagerplatz-Bedarf</li><li>Minimierung von Rabatt- und Abverkaufsaktionen für Ladenhüter</li><li>Kostenreduktion in den indirekten Bereichen Einkauf, Lagerhaltung, Entwicklung, Produktion, Vertrieb und Service</li><li>positive Beeinflussung der Kaufentscheidung, da Kunden nicht zu viele Alternativen eines Artikel angeboten werden</li></ul>
Notiz(en)/ Bemerkung(en):	

Realisierbar im eigenen Unternehmen?   ☐ ja   ☐ nein

„Ja, ich möchte die Kosten senken – aber richtig!"

Maßnahme:	Fehlerfreies, schnelles Kommissionieren	Tipp-Nummer **30**

Aufwandskonto: 6 ... – betriebliche Aufwendungen

Erläuterungen zur Maßnahme: Kommissionieren, das ist das Zusammenstellen von Artikeln aus einem Sortiment, aufgrund von entsprechenden Bedarfsinformationen. Um diesen Vorgang fehlerfrei und schnell ausführen zu können, bieten sich zahlreiche Möglichkeiten an:
- Einführung und Verwendung von Artikelbezeichnungen
- geordnete Entnahme der Artikel
- parallele Auftragsbearbeitung, soweit möglich
- praktische und logische Lagerortkennzeichnung (z.B. alphanumerische Fachkennzeichnung)
- Informationsbereitstellung mittels mobiler Datenerfassungsgeräte (Barcode-, Transponder-Technik), statt in Form von herkömmlichen Belegen in Papierform
- übersichtliche, strukturierte Beleg- bzw. Displaygestaltung
- „pick by voice" oder "pick by light", d.h. der Kommissionierer erhält die Lagerortnennung akustisch oder visuell

Auswirkung(en):
- Senkung der Personal- und Prozesskosten
- höhere Transparenz, Möglichkeit zur permanenten Inventur, automatische Nachschublieferung bei EDV-Anbindung
- Reduzierung der Fehlerquote, aufgrund von weniger Kommissionierfehlern (Typ-, Mengen-, Auslassungs- und Zustandsfehler)
- weniger Retouren
- gestiegene Kundenzufriedenheit

Notiz(en)/ Bemerkung(en):

Realisierbar im eigenen Unternehmen?   ☐ ja   ☐ nein

„Ja, ich möchte die Kosten senken – aber richtig!"

Maßnahme:	Kostensparende Warenverbringung zum Kunden	**Tipp-Nummer** **31**

Aufwandskonto: 6 ... – betriebliche Aufwendungen

Erläuterungen zur Maßnahme:	Im Zusammenhang mit Lieferungen und Leistungen muss oft Ware zum Kunden verbracht werden. Um die in diesem Zusammenhang anfallenden Versand- bzw. Transportkosten zu minimieren, sollte an folgende Maßnahmen gedacht werden: • Überprüfung bzw. Einhaltung der Gewichtsgrenzen bei Paket- und Stückgutsendungen • Bündelung von Sendungen, soweit zeitlich möglich • Begrenzung der Anzahl an Spediteuren und Auswahl nach bestem Preis-/Leistungsverhältnis • regelmäßige Ausschreibung des Transportvolumens am Markt • bei Transportverpackungen die Packschemata optimieren und so den Laderaum besser ausnutzen • Kunden über geringen Preisnachlass zur Selbstabholung motivieren
Auswirkung(en):	• Senkung verschiedener Kosten (Versand- und Transportkosten, Verpackungsmaterial, Personalkosten)
Notiz(en)/ Bemerkung(en):	

Realisierbar im eigenen Unternehmen? ☐ ja ☐ nein

„Ja, ich möchte die Kosten senken – aber richtig!"

Maßnahme:	Sinnvolle Tourenplanung für Auslieferer und mobile Dienstleister	Tipp-Nummer **32**

Aufwandskonto: 6 ... – betriebliche Aufwendungen

Erläuterungen zur Maßnahme: Sinn und Zweck einer Tourenplanung ist die optimale Auslastung von vorhandenen Ressourcen (z.B. Kundendiensttechniker, Ausliefer-Fuhrpark). Bei einer sinnvollen Tourenplanung wird die optimale Erledigungsreihenfolge aller gerade anstehenden Tätigkeiten, die mit Fahrzeiten zwischen mehreren Einsatzorten verbunden sind, aufgrund verschiedener Kriterien (bspw. Artikelbestand im Einsatzfahrzeug, Know-how des Bearbeiters, Nähe zum Kunden) festgelegt. Hilfsmittel dazu können einfache, manuelle Steckkartensysteme (Plantafel) oder aufwendigere mathematische Berechnungsmodelle (Operation Research: „Travelling Salesman Problem") sein. Zunehmend werden auch Software- und Telematiklösungen eingesetzt. Moderne Telematik ermöglicht es, Fahrzeuge jederzeit zu orten, zu navigieren und kurzfristig Aufträge direkt an den Fahrer zu übermitteln.

Auswirkung(en):
- optimaler, wirtschaftlicher Ressourceneinsatz (Personal, Fahrzeuge)
- Senkung der Personal- und Kfz-Kosten (Kraftstoff, Verschleiß), aufgrund kürzerer Fahrzeiten
- niedrigere Telefonkosten bei Einsatz von Telematik
- höhere Kundenzufriedenheit

(Vgl. Schnettler, 2003, a.a.O., S. 58-59)

Notiz(en)/ Bemerkung(en):

Realisierbar im eigenen Unternehmen?	☐ ja	☐ nein

„Ja, ich möchte die Kosten senken – aber richtig!"

Maßnahme:	Vermeidung von Kundendiensteinsätzen durch telefonische Problembehebung	Tipp-Nummer **33**

Aufwandskonto: 6 ... – betriebliche Aufwendungen

Erläuterungen zur Maßnahme:	Im Zusammenhang mit dem Vertrieb von Produkten und damit verbundenen Wartungsverträgen sind im Störungsfall technische Kundendiensteinsätze erforderlich. Zu diesem Zweck wird i.d.R. eine Störungsannahme, auch Call-Center/Hotline genannt, und ein technischer Kundendienst in der betrieblichen Ablauforganisation integriert. Um die Anzahl an Kundendiensteinsätzen und die damit verbundenen Kosten zu minimieren, sollte im Rahmen einer jeden Störungsannahme versucht werden, die technische Störung vorerst telefonisch zu klären. Oft sind nur Kleinigkeiten die Ursache für Fehlfunktionen. Dies setzt natürlich entsprechend qualifiziertes Personal voraus. Unter Kostengesichtspunkten darf ein Kundendiensteinsatz nur dann erfolgen, wenn eine telefonische Problembehebung nicht möglich ist. Falls kein Wartungsvertrag mit dem Kunden besteht, so sorgt jeder Kundendiensteinsatz, außerhalb der Gewährleistungsfrist, natürlich für höhere Umsätze und Gewinne.
Auswirkung(en):	• Senkung der Personal- und Kfz-Kosten (Kraftstoff, Verschleiß), aufgrund weniger zeitintensiver Kundendiensteinsätze • höhere Kundenzufriedenheit, da Störungen zeitnah behoben werden

Notiz(en)/ Bemerkung(en):

Realisierbar im eigenen Unternehmen?	☐ ja	☐ nein

„Ja, ich möchte die Kosten senken – aber richtig!"

| **Maßnahme:** | Reduzierung von kostenlosen Lieferungen und Leistungen | Tipp-Nummer **34** |

Aufwandskonto: 6 ... – betriebliche Aufwendungen

Erläuterungen zur Maßnahme: Immer wieder haben Kunden „Sonderwünsche". Bei aller Kundenfreundlichkeit sollte es dafür aber Grenzen geben. Natürlich gibt es Ausnahmen, die jedoch ausschließlich durch die Geschäftsleitung genehmigt werden dürfen. Ansonsten muss gelten, dass jede Lieferung und Leistung insbesondere auch Sonderwünsche, Änderungen aus Gefälligkeit usw. immer berechnet werden. Ein Mitarbeiter-Prämiensystem, bei dem bspw. je nach Anzahl der berechneten Stunden eine bestimmte Prämienzahlung erfolgt, würde auch „gutmütige" Mitarbeiter dazu führen, dass sie jede ihrer erbrachten Leistungen auch dem Kunden berechnen. Um nachträgliche, großzügige Kulanzleistungen bspw. der Vertriebsabteilung zu beschränken, muss wiederum auch jede Gutschrift und Stornorechnung durch die Geschäftsleitung genehmigungspflichtig sein.

Auswirkung(en):
- effizienter Einsatz des Personals
- höhere Umsatzerlöse, da mehr Leistungen abgerechnet werden
- Verbesserung des Betriebsergebnisses

Notiz(en)/ Bemerkung(en):

Realisierbar im eigenen Unternehmen?   ☐ ja   ☐ nein

„Ja, ich möchte die Kosten senken – aber richtig!"

Maßnahme: E-Billing

Tipp-Nummer: 35

Aufwandskonto: 6 ... – betriebliche Aufwendungen

Erläuterungen zur Maßnahme:	Durch E-Billing, d.h. durch den elektronischen Rechnungsversand und die Begleichung des Zahlungsbetrages auf elektronischem Weg, lassen sich erhebliche Kostenvorteile erzielen. E-Billing bietet erhebliche Einsparpotenziale, da kostenintensive Papierprozesse (Büromaterial (Papier, Druckkosten, Briefumschläge)), Portokosten, Personalkosten zur Postverarbeitung (kuvertieren, frankieren) sowie manuellen Archivierung durch eine elektronische Weiterverarbeitung und komfortable Archivierung ersetzt werden. Auch die Durchführung der Rechnungsprüfung kann schell und elektronisch erfolgen. Damit diese elektronischen Rechnungen rechtskonform sind und zum steuerlichen Vorsteuerabzug berechtigen, müssen diese eine qualifizierte digitale Signatur aufweisen. Darüber hinaus müssen sich Rechnungsaussteller und Rechnungsempfänger über diese Art der Rechnungsstellung einig sein (bspw. in Form einer einfachen Rahmenvereinbarung).
Auswirkung(en):	• Kostenreduktion gegenüber dem Versand herkömmlicher Papierrechnungen (keine bzw. geringere Büromaterial-, Porto- und Personalkosten) • Prozessoptimierung durch einen verkürzten Erstellungs- und Versandprozess und somit auch schnellere Zahlungseingänge (verbesserte Liquidität, Zinsvorteil) • vereinfachte, rechtssichere Archivierung und Verifikation beim Rechnungsaussteller und -empfänger • Erschließung zusätzlicher Marketingkanäle
Notiz(en)/ Bemerkung(en):	

Realisierbar im eigenen Unternehmen? ☐ ja ☐ nein

„Ja, ich möchte die Kosten senken – aber richtig!"

Maßnahme:	Abrechnung im voraus forcieren	Tipp-Nummer 36

Aufwandskonto: 6 ... – betriebliche Aufwendungen

Erläuterungen zur Maßnahme:	Die eigene Rechnungsstellung im voraus, mit einer größtmöglichen Abrechnungsperiode (viertel-, halb-, jährlich), führt zu einer Vielzahl von Kostenvorteilen. Als erstes ist dabei der Liquiditätsvorteil zu nennen, der aus dem früheren Rechnungsausgleich bzw. Zahlungseingang durch den Kunden resultiert. Hinzu kommen die geringeren Prozesskosten (Personal, Büromaterial (Papier, Druckkosten), Porto), die sich aufgrund einer zusammenfassenden Rechnungsstellung über mehrere Monate ergeben. Um die Kunden zu dieser Abrechnungsform zu bewegen, sollte über eine geringfügige Rabatteinräumung, in Abhängigkeit von der vereinbarten Abrechnungsperiode, nachgedacht werden. Ein verringertes Rechnungsaufkommen beim Kunden entlastet natürlich auch dessen Verwaltungsaufwand.

Auswirkung(en):	• Senkung verschiedener Kosten (Personal-, Büromaterial-, Portokosten) • Erhöhung der Liquidität

Notiz(en)/ Bemerkung(en):

Realisierbar im eigenen Unternehmen?	☐ ja	☐ nein

„Ja, ich möchte die Kosten senken – aber richtig!"

Maßnahme:	Vermeidung und Reduzierung von Wechselkursrisiken	Tipp-Nummer **37**

Aufwandskonto: 6 ... – betriebliche Aufwendungen

Erläuterungen zur Maßnahme:	International tätige Unternehmen sind Wechselkursrisiken ausgesetzt. Um zusätzliche Kosten zu vermeiden bzw. das Wechselkursrisiko abzusichern, gibt es verschiedene, z.T. sehr einfache Möglichkeiten. Risikovermeidend wäre bspw. ein Factoring (Forderungsverkauf) oder die Vereinbarung von Kurssicherungsklauseln zur Risikoaufteilung zwischen den Geschäftspartnern. Devisentermingeschäfte, bei denen der Erfüllungszeitpunkt des Geschäftes und der Wechselkurs im voraus festgelegt werden, wirken sich dagegen risikominimierend aus. Das Währungsrisiko lässt sich aber auch durch eine einfache Anzahlung reduzieren. Da alle Sicherungsmaßnahmen auch Kosten verursachen, muss im Vorfeld geprüft werden, ob und in welchem Umfang eine Absicherung wirtschaftlich ist. Neben den o.g. Maßnahmen gibt es natürlich weitere Möglichkeiten. Aufgrund der Komplexität sollte der Unternehmer immer seine Hausbank kontaktieren.
Auswirkung(en):	• Vermeidung bzw. Reduzierung von nachträglichen Kosten, aufgrund von Kurserhöhungen (z.B. Kosten für Rohstoffe) • Vermeidung bzw. Reduzierung von nachträglichen Erlösschmälerungen, aufgrund von Kursminderungen

Notiz(en)/ Bemerkung(en):

Realisierbar im eigenen Unternehmen?   ☐ ja   ☐ nein

„Ja, ich möchte die Kosten senken – aber richtig!"

Maßnahme:	Einführung einer genauen und schnellen Eingangs-Rechnungsprüfung	Tipp-Nummer **38**

Aufwandskonto: 6 ... – betriebliche Aufwendungen

Erläuterungen zur Maßnahme:	Jedes Unternehmen erhält für in Anspruch genommene Lieferungen und Leistungen eine Rechnung. Doch ist die erhaltene Rechnung hinsichtlich der Summe auch sachlich korrekt? Liegt dieser Rechnung überhaupt eine Bestellung bzw. ein laufender Vertrag zu Grunde? Wurde nicht zu viel bzw. falsch berechnet? Um Preisabweichungen zu erkennen, ist eine genaue Eingangsrechnungsprüfung ratsam. Diese sollte durch den Besteller bzw. den Kostenstellenverantwortlichen sorgfältig erfolgen, da dieser weiß, ob die abgerechnete Lieferung und Leistung der vertraglichen Vereinbarung entspricht. Um mgl. Skontofristen nicht verstreichen zu lassen, muss die geprüfte und abgezeichnete Rechnung umgehend an die Buchhaltung weitergeleitet werden. Um diesen Vorgang zu beschleunigen und Fehler (Mengen- und Preisabweichungen) zu minimieren, bieten immer mehr Softwarehersteller Mechanismen innerhalb ihrer Anwendungssoftware an.
Auswirkung(en):	• Aufdeckung von unberechtigten oder fehlerhaften, zu hohen Rechnungen und damit Verhinderung falscher, überhöhter Kosten • Inanspruchnahme von Skonto und somit niedrigere Kosten

Notiz(en)/ Bemerkung(en):

Realisierbar im eigenen Unternehmen?	☐ ja	☐ nein

„Ja, ich möchte die Kosten senken – aber richtig!"

Maßnahme:	Umsatzrückvergütung mit Lieferanten vereinbaren	Tipp-Nummer 39

Aufwandskonto: 6 ... – betriebliche Aufwendungen

Erläuterungen zur Maßnahme:	Mit einer Umsatzrückvergütung, in Form einer Bonusrückerstattung vom Lieferanten, kann der Unternehmer nachträglich seine Kosten senken und damit seinen Gewinn steigern. Die Höhe der Rückvergütung ist dabei von den tatsächlich erbrachten Umsätzen abhängig, deren Höhe am Ende des Betrachtungszeitraumes ermittelt wird. Zu diesem Zweck sollte im Vorfeld eines bestimmten Betrachtungszeitraums (z.B. ein Jahr) die Höhe der Rückvergütung zwischen dem Lieferanten und dem Unternehmer schriftlich vereinbart werden. Die Höhe der Rückvergütung wird dabei meist, gestaffelt nach der Umsatzhöhe, in steigenden Prozentsätzen bestimmt. Eine derartige einseitige Vereinbarung ist mit keinerlei Verpflichtungen auf Kundenseite verbunden und entlastet das eigene Kostenbudget. Für den Lieferanten besteht die Chance, langfristig Umsätze mit dem Kunden zu generieren.
Auswirkung(en):	• Senkung verschiedener Kosten, die durch Lieferungen und Leistungen anfallen
Notiz(en)/ Bemerkung(en):	

Realisierbar im eigenen Unternehmen?	☐ ja	☐ nein

„Ja, ich möchte die Kosten senken – aber richtig!"

Verschiedene Kontengruppen

| Maßnahme: | Richtige Buchung von Vorsteuer/Umsatzsteuer | Tipp-Nummer **40** |

Aufwandskonto: 6 ... – betriebliche Aufwendungen

Erläuterungen zur Maßnahme: Das deutsche Umsatzsteuergesetz (UStG) bietet aufgrund seiner Komplexität ein hohes Fehlerpotenzial hinsichtlich einer korrekten Verbuchung von Rechnungen. Ein gutes Beispiel dafür ist der Vorsteuerabzug aus Reisekosten, der zum 01.04.1999 gesetzlich eingeschränkt wurde. Nach dieser Gesetzesänderung durfte z.B. aus Hotelrechnungen keine Vorsteuer mehr gezogen werden. Aufgrund neuester Rechtsprechung ist es nun jedoch wieder möglich, aus Rechnungen für Übernachtungen (aus Anlass einer Geschäfts- oder Dienstreise) den Vorsteuerabzug in Anspruch zu nehmen, wenn die Rechnung auf das Unternehmen ausgestellt wurde. Dieses Beispiel zeigt den enormen, immer aktuellen Know-how-Bedarf bei Mitarbeitern der Buchhaltung. Permanente Fortbildung ist auf diesem Gebiet unerlässlich.

Auswirkung(en):
- Inanspruchnahme aller Vorsteuerabzugsmöglichkeiten und damit Senkung der Kosten bzw. Betriebsausgaben

Notiz(en)/ Bemerkung(en):

| Realisierbar im eigenen Unternehmen? | ☐ ja | ☐ nein |

„Ja, ich möchte die Kosten senken – aber richtig!"

Maßnahme:	Nur nutzenorientierte Sachinvestitionen vornehmen	Tipp-Nummer **41**

Aufwandskonto: 6 ... – betriebliche Aufwendungen

Erläuterungen zur Maßnahme:	Sachinvestitionen, d.h. die Kapitalverwendung für Objekte, die den Leistungsprozess unterstützen, erfolgen aus verschiedenen Motiven (Gründungs-, Erweiterungs-, Ersatz-, Rationalisierungs-, Umstellungs- und Diversifizierungsinvestitionen). Unter Kosteneinsparungsaspekten muss besonders die Rationalisierungsinvestition beachtet werden. Veraltete, zwar noch funktionierende Technik, bspw. auch zu langsame Computer, kosten unterm Strich nur Geld, da sie die Arbeitsgeschwindigkeit von Mitarbeitern bremsen. Wenn aus Kostengründen in ein neues Objekt investiert wird, so ergeben sich häufig große Leistungs- und Qualitätssteigerungen. Investitionen, die nicht unbedingt erforderlich sind, sollten jedoch verschoben werden. Entsprechende Methoden der Investitionsrechnung (z.B. Kostenvergleichsrechnung und Kapitalwertmethode) sowie ein klarer „Genehmigungsprozess" in größeren Unternehmen unterstützen die Entscheidungsfindung.
Auswirkung(en):	▪ Senkung verschiedener Kosten (Abschreibung, Personal- und Prozesskosten, Finanzierungskosten etc.) ▪ ggf. Qualitätssteigerungen
	(Vgl. Olfert, 2001, a.a.O., S. 29ff)
Notiz(en)/ Bemerkung(en):	

Realisierbar im eigenen Unternehmen?	☐ ja	☐ nein

„Ja, ich möchte die Kosten senken – aber richtig!"

Verschiedene Kontengruppen

Maßnahme:	Vorbeugende Instandhaltung/Wartung von Sachobjekten	Tipp-Nummer 42

Aufwandskonto: 6 ... – betriebliche Aufwendungen

Erläuterungen zur Maßnahme:	Instandhaltungsmaßnahmen sichern den funktionsfähigen Zustand eines jeden Sachobjektes (z.B. Maschine, PC). Leider funktionieren diese Geräte häufig genau dann nicht bzw. nur ungenügend, wenn man sie ganz dringend aufgrund einer Terminabsprache benötigt. Daher sind vorbeugende Instandhaltungsmaßnahmen einzuplanen/vorzunehmen. Dadurch werden Ausfallzeiten und Folgeschäden vermindert. Eine derartige „Prophylaxe" erhöht auch die Zuverlässigkeit und Nutzungsdauer der Geräte, was in der Folge auch für eine bessere Qualität, Quantität und Kundenzufriedenheit sorgt. Häufig ist die zu bewältigende Arbeitsmenge im operativen Tagesgeschäft periodischen Schwankungen unterlegen. Dadurch entstehende Freiräume könnten zur Instandhaltung und Wartung genutzt werden. Auch das Ausarbeiten eines „Notfall-Instandsetzungsplanes" (z.B. in Form einer Demontage-Dokumentation für eine Maschine) für unvorhersehbare Störungen ist sinnvoll.
Auswirkung(en):	• Senkung von Kosten, die durch Ausfallzeiten und Folgeschäden entstehen (z.B. „wartendes" Personal) • eine längere Nutzungsdauer senkt den Ersatzinvestitionsbedarf (falls nicht Rationalisierungsgründe dagegen sprechen) und reduziert folglich Abschreibungskosten • eine höhere Qualität und kurze Lieferzeit (incl. der Einhaltung von Lieferterminzusagen) bewirken eine höhere Kundenzufriedenheit

(Vgl. Kuhn/Fischer/Bandow, 2003, a.a.O. , S. 36)

Notiz(en)/ Bemerkung(en):

Realisierbar im eigenen Unternehmen?	☐ ja	☐ nein

„Ja, ich möchte die Kosten senken – aber richtig!"

Maßnahme:	Unified Messaging	Tipp-Nummer 43

Aufwandskonto: 6 ... – betriebliche Aufwendungen

Erläuterungen zur Maßnahme:	Unified Messaging führt die verschiedenen Nachrichtensysteme unter einer einheitlichen, zentralen Benutzeroberfläche auf dem PC zusammen. Sprachnachrichten, Faxe, E-Mails und andere Nachrichtenformate können über eine zentrale Plattform verarbeitet werden. Jeder Nachrichteneingang wird optisch und/oder akustisch am PC, Telefon oder Mobilfunktelefon signalisiert. Der Zugriff auf die Nachrichten ist zu jeder Zeit und von jedem Ort aus möglich.
Auswirkung(en):	• Senkung der Personal- und Prozesskosten, aufgrund der vereinfachten, schnelleren Nachrichten-Administration, der Effizienzsteigerung durch eine bessere Kommunikationsergonomie und durch die Vermeidung von Medienbrüchen • Senkung der Büromaterialkosten (Druck- und Papierkosten) • vereinfachte und verbesserte Unternehmenskommunikation • uneingeschränkte Mobilität der Nutzer • Steigerung der Kundenzufriedenheit durch optimale Erreichbarkeit und kürzere Reaktionszeiten
Notiz(en)/ Bemerkung(en):	

Realisierbar im eigenen Unternehmen?   ☐ ja   ☐ nein

„Ja, ich möchte die Kosten senken – aber richtig!"

| **Maßnahme:** | IT-Konsolidierung | Tipp-Nummer **44** |

Aufwandskonto: 6 ... – betriebliche Aufwendungen

Erläuterungen zur Maßnahme: Die Anforderungen an die bestehende IT-Infrastruktur hinsichtlich Leistung, Integrierbarkeit, Skalierbarkeit und Verfügbarkeit steigen zunehmend. Hinzukommen der Wunsch nach permanenter Kostenreduzierung auch im IT-Bereich.

Der „Server-Konsolidierung", bei der Unternehmensanwendungen nicht auf mehreren kleineren Rechnern, sondern auf einem zentralen Rechner laufen, wird dabei eine steigende Bedeutung beigemessen.

Auch eine verringerte Anzahl an Rechenzentren, Betriebssystem und Instanzen optimieren die IT-Infrastruktur und -Administration.

Auswirkung(en):
- Einsparpotenzial hinsichtlich Wartungs-, Personal-, Betriebs-, Ausfall- und Lizenzkosten

Notiz(en)/ Bemerkung(en):

Realisierbar im eigenen Unternehmen? ☐ ja ☐ nein

„Ja, ich möchte die Kosten senken – aber richtig!"

Maßnahme:	Kostenübernahme für Betriebsrats-schulungen	**Tipp-Nummer** **45**

Aufwandskonto: 6 ... – betriebliche Aufwendungen

Erläuterungen zur Maßnahme:	Nach § 37 Abs. 6, 2 i.V. mit § 40 Betriebsverfassungsgesetz ist der Arbeitgeber zur Übernahme sämtlicher Kosten für Lohn/Gehalt, Seminargebühren, An- und Abreise, Übernachtung, Verpflegung eines Betriebsratsmitglieds während eines Seminars verpflichtet. Diese Pflicht gilt jedoch nur, wenn das Seminar Kenntnisse vermittelt, die für die Arbeit des Betriebsrates erforderlich sind, der Betriebsrat einen Beschluss über die Schulungsteilnahme einzelner Mitglieder gefasst hat und diese Teilnahme dem Arbeitgeber vor Seminarbeginn mitgeteilt wurde. Aufgrund dieser Tatsache, müssen nicht alle Kosten im Zusammenhang mit Schulungen des Betriebsrates vom Arbeitgeber erstattet werden. So sagt bspw. das BAG, dass die Beratung der Arbeitnehmer in sozialversicherungsrechtlichen Fragen nicht zu den Aufgaben des Betriebsrates gehört und damit die Kosten eines Seminars über die Grundlagen der sozialen Sicherung nicht getragen werden müssen (Az.: 7 ABR 42/02).
Auswirkung(en):	▪ Begrenzung der Kosten, aufgrund von Betriebsratsschulungen

(Vgl. Prudent, 2004, a.a.O. , S. 78)

Notiz(en)/ Bemerkung(en):

Realisierbar im eigenen Unternehmen?		☐ ja	☐ nein

„Ja, ich möchte die Kosten senken – aber richtig!"

Maßnahme:	Eigentumssicherung / Unterbinden von Vertrauensschäden	Tipp-Nummer **46**

Aufwandskonto: 6 ... – betriebliche Aufwendungen

Erläuterungen zur Maßnahme:	Durch Vertrauensschäden (Diebstahl, Unterschlagung, Betrug, Veruntreuung) entstehen leider vielen Unternehmen z.T. hohe Kosten. Neben den Kosten zur Wiederbeschaffung des Gegenstandes fallen zusätzliche Kosten zur Wiederherstellung des Ursprungszustandes an (Beseitigung mgl. Sachbeschädigungen, admin. Aufwand mit mgl. Versicherungen). Vorbeugende Sicherheitsmaßnahmen sind daher zu empfehlen, wie z.B. der Einsatz von Warensicherungssystemen, die Installation einer automatischen Türschließanlage und eines sinnvollen Schlüsselsystems sowie ggf. die Beauftragung von Detektiven/Sicherheitsdiensten. Auch eine Videoüberwachung ist möglich, jedoch nur bei begründetem Verdacht einer Straftat und unter Beachtung des Datenschutzes sowie der Mitbestimmungsrechte des Betriebsrates. Mgl. organisatorische Maßnahmen sind das „Vier-Augen-Prinzip" bei bestimmten Geschäftsvorgängen und ein wirksames Kennzahlen-Controlling.
Auswirkung(en):	- Vermeidung der Kosten, die durch Vertrauensschäden verursacht werden (z.B. Inventurdifferenzen, Personalkosten im Schadensfall) - bei Nichtinanspruchnahme einer ggf. bestehenden Vertrauensschadenversicherung erfolgt eventuell eine Reduzierung der jährlichen Versicherungsprämien bzw. eine Rückvergütung (vertragsabhängig); eine ggf. vereinbarte Selbstbeteiligung im Schadensfall würde ebenfalls entfallen *(Vgl. Ernst, 2004, a.a.O. , S. 9-11)*
Notiz(en)/ Bemerkung(en):	

Realisierbar im eigenen Unternehmen?	☐ ja	☐ nein

„Ja, ich möchte die Kosten senken – aber richtig!"

| Maßnahme: | Kooperation mit anderen Unternehmen | Tipp-Nummer 47 |

Aufwandskonto: 6 ... – betriebliche Aufwendungen

Erläuterungen zur Maßnahme:	Steigendem Kostendruck kann auch mit einer Kooperation entgegengewirkt werden. Durch den Zusammenschluss mehrerer Unternehmen, gleicher oder unterschiedlicher Produktionsstufe, zu Verbundgruppen lassen sich vielerlei Vorteile erzielen: • Verbesserung der Einkaufsorganisation: günstigere Einkaufsbedingungen, aufgrund eines gebündelten, höheren Einkaufsvolumens; Minimierung des Verwaltungsaufwandes durch eine zentrale Bestell-Abwicklung; optimierte Logistik • gemeinsame Marketing-Aktivitäten: Kooperation bspw. beim Internetauftritt und gemeinsame Werbemaßnahmen • betriebswirtschaftlicher Erfahrungsaustausch: z.B. hinsichtlich von Maßnahmen zur Rating-Verbesserung (Basel II) • Optimierung der EDV: gemeinsame Nutzung von branchenspezifischen Anwendungsprogrammen • verbesserte Wettbewerbstätigkeit: bspw. durch umfangreicheres Lieferspektrum; erweiterten Marktzugang
Auswirkung(en):	• Senkung verschiedener Kosten (z.B. Roh-, Hilfs- und Betriebsstoffe; Prozesskosten) • Generierung von Mehrumsätzen

Notiz(en)/ Bemerkung(en):

Realisierbar im eigenen Unternehmen?   ☐ ja   ☐ nein

„Ja, ich möchte die Kosten senken – aber richtig!"

Maßnahme:	Buy-Entscheidung / Outsourcing	Tipp-Nummer **48**

Aufwandskonto: 6 ... – betriebliche Aufwendungen

Erläuterungen zur Maßnahme: U.a. unter Kostengesichtspunkten kann ein Fremdbezug (statt Eigenfertigung) eines Wirtschaftsgutes (z.B. eine einzelne Baugruppe für Fertigung) oder einer Dienstleistung (z.B. Fuhrpark-Management) von Dritten zweckmäßig sein (im Rahmen einer sog. „Make-or-Buy-Entscheidung"). Beim Fremdbezug von Dienstleistungen, d.h. beim Auslagern vollständiger oder selektiver betrieblicher Tätigkeiten und/oder Funktionen an einen externen Dienstleister, der diese in Eigenverantwortung gegen Entgelt verrichtet, spricht man auch von „Outsourcing". Oft können diese externen Dienstleister die Leistung (weitere Bsp.: Personalverwaltung, Gebäudemanagement, IT-Support, Lagerwesen, Mahnwesen/Inkasso) bzw. das Wirtschaftsgut effizienter und kostengünstiger anbieten.
Zur Entscheidung sollte u.a. immer eine Kostenvergleichsrechnung herangezogen werden.

Auswirkung(en):
- Senkung von verschiedenen Kostenarten, wie Personal-, Raumkosten, Roh-, Hilfs- und Betriebsstoffe etc.
- Umwandlung fixer Kosten in variable Sachkosten
- verbesserte Kostentransparenz
- verstärkte Konzentration auf das eigene Kerngeschäft
- aufgrund des Fachwissens beim Outsourcing-Dienstleister, steht ein professioneller Partner zur Seite, der die Lieferung und Leistung in der Vielzahl der Fälle mit einer höheren Qualität erbringen kann

Notiz(en)/ Bemerkung(en):

Realisierbar im eigenen Unternehmen? ☐ ja ☐ nein

„Ja, ich möchte die Kosten senken – aber richtig!"

Maßnahme:	Standortwahl/-frage prüfen	Tipp-Nummer **49**

Aufwandskonto: 6 ... – betriebliche Aufwendungen

Erläuterungen zur Maßnahme:	Die Standortwahl wird von einer Vielzahl von Kriterien beeinflusst. Dazu zählen die Arbeitskosten (niedrige Löhne/Gehälter, bei dennoch qualifizierten Arbeitskräften), die Raumkosten (Anschaffungskosten, Miete) und die Transportkosten für Roh-, Hilfs-, Betriebsstoffe sowie Ware. Ebenso die Höhe der Steuern (Gewerbesteuer-Hebesatz), die Infrastruktur (Verkehrsanbindung), mgl. Umweltauflagen und Absatzmöglichkeiten (insbesondere für Handelsbetriebe) sind zu berücksichtigen. Bei der Wahl des Betriebsstandortes muss jedoch zwischen Kosten- und Absatzvorteilen abgewogen werden. Bspw. wäre es falsch, wenn sich der Inhaber eines Schuhgeschäftes, nur aufgrund niedriger Mietkosten, gegen einen Standort in einer belebten Fußgängerzone und für eine Lage in einem ruhigen, abgelegenen Industriegebiet mit wenig Laufkundschaft entscheidet.
Auswirkung(en):	- Senkung von Kosten in möglichst vielen Bereichen (Personal, Miete, Transport, Steuern) - größtmöglicher Absatz/Umsatz - eine gute Verkehrsanbindung (z.B. öffentliche Verkehrsmittel) unterstützt auch die langfristige Beschäftigung von qualifizierten Arbeitskräften

(Vgl. Wöhe, 1993, a.a.O., S. 473ff)

Notiz(en)/ Bemerkung(en):	

Realisierbar im eigenen Unternehmen?	☐ ja ☐ nein

„Ja, ich möchte die Kosten senken – aber richtig!"

Maßnahme:	Schließung, Verlagerung, Zusammenlegung von unrentablen Betriebsstandorten	Tipp-Nummer **50**

Aufwandskonto: 6 ... – betriebliche Aufwendungen

Erläuterungen zur Maßnahme:	Bei betriebswirtschaftlichem Misserfolg muss, mehr oder weniger als letzter Ausweg, leider auch an eine komplette Schließung, örtliche Verlagerung und/oder Zusammenlegung von unrentablen Betriebsstandorten gedacht werden. Natürlich dürfen derartige, tief greifende Maßnahmen erst dann erfolgen, wenn alle Bemühungen, die Kosten zu senken sowie den Umsatz zu steigern und somit letztendlich profitabel zu wirtschaften, gescheitert sind.

Auswirkung(en):
- Senkung verschiedener Kosten, die durch diese(n) Standort(e) verursacht wurden
- Vermeidung eines negativen Betriebsergebnisses

Notiz(en)/ Bemerkung(en):

Realisierbar im eigenen Unternehmen?	☐ ja	☐ nein

„Ja, ich möchte die Kosten senken – aber richtig!"

2.2 Aufwendungen für Roh-, Hilfs- und Betriebsstoffe und für bezogene Waren

In dieser Kontengruppe werden die folgenden Kostenarten verbucht:

Kontengruppe 60

Kontonummer	Bezeichnung
6000	Aufwendungen für Rohstoffe/Fertigungsmaterial
6001	Bezugskosten Rohstoffe
6002	Nachlässe Rohstoffe
6010	Aufwendungen für Vorprodukte/Fremdbauteile
6020	Aufwendungen für Hilfsstoffe
6030	Aufwendungen für Betriebsstoffe/Verbrauchswerkzeuge
6040	Aufwendungen für Verpackungsmaterial
6050	Aufwendungen für Energie und Treibstoff
6060	Aufwendungen für Reparaturmaterial
6070	Aufwendungen für sonstiges Material
6080	Aufwendungen für Handelswaren

(Vgl. Schmolke/Deitermann, 2002, a.a.O., Anhang)

Grundsätzlich ist eine Reduzierung aller dieser Kosten anzustreben. Die folgenden Maßnahmen zur Senkung dieser Kosten sind jedoch besonders hervorzuheben.

„Ja, ich möchte die Kosten senken – aber richtig!"

Maßnahme:	Effizienter Einkauf	Tipp-Nummer 51

Aufwandskonto: 60 .. – Aufwendungen für Roh-, Hilfs- und Betriebsstoffe und für bezogene Waren

Erläuterungen zur Maßnahme: Neben der eigentlichen Preisverhandlung und dem Abschluss von ggf. überregionalen Rahmenverträgen für den Bezug des Produktes bzw. der Dienstleistung sollten folgende Möglichkeiten zur Senkung der Einkaufskosten berücksichtigt werden:

- E-Procurement-Lösungen als Bezugs- und Recherchequelle einsetzen (elektronische Marktplätze und Kataloge, Auktionen, Desktop Purchasing Systeme)
- Bestellkostenoptimierung, d.h. durch standort- und markenübergreifende Bündelung von Einkaufsvolumina größere Mengen abnehmen, da bei Unterschreitung von Mindestbestellwerten häufig zusätzliche Kosten berechnet werden
- Rotation der Lieferanten und Einkaufsmitarbeiter
- regelmäßige Angebotseinholung bei Alternativlieferanten
- Arbeitsanweisung, dass alle Einkäufer mindestens immer drei vergleichbare, schriftliche Angebote einholen müssen
- „Vier-Augen-Prinzip" bei Einkaufsentscheidungen

Auswirkung(en):
- Senkung der Beschaffungskosten
- Senkung der Personal- und Prozesskosten
- optimierte, schnellere Einkaufsprozesse via E-Procurement helfen auch Lagerbestände und somit Lagerkosten abzubauen
- keine Begünstigung bestimmter Lieferanten, aufgrund persönlicher Vorteile (zum Schaden des Unternehmens)

Notiz(en)/ Bemerkung(en):

Realisierbar im eigenen Unternehmen?	☐ ja	☐ nein

„Ja, ich möchte die Kosten senken – aber richtig!"

Maßnahme:	Materialeinsatz prüfen und optimieren	Tipp-Nummer **52**

Aufwandskonto: 60 .. – Aufwendungen für Roh-, Hilfs- und Betriebsstoffe und für bezogene Waren

Erläuterungen zur Maßnahme: Im Rahmen der Herstellung von Produkten bzw. der Erbringung von Dienstleistungen fallen i.d.R. Materialkosten (Roh-, Hilfs- und Betriebsstoffe) und Kaufteilekosten an. Diese anfallenden Kosten lassen sich u.a. durch folgende Maßnahmen senken:

- Verwendung von alternativen, kostengünstigeren Materialien bzw. Kaufteilen (z.B. Kunststoff statt Metall)
- Einsatz von Norm- statt Sonderkaufteilen
- Minimierung des Abfalls durch verbesserte Maschineneinstellung und Verschnittoptimierung
- Ausschussverringerung
- Investition in neue Anlagen

Hervorzuheben ist, dass die Materialauswahl nicht nur unter Kostenaspekten getroffen werden darf. Vielmehr sollte das richtige, am besten geeignete Material eingesetzt werden, mit dem eine effiziente Be- und Verarbeitung sowie Zielerreichung ermöglicht wird.

Auswirkung(en):
- Optimierung des Kostenstruktur (Materialkosten, Personalkosten etc.)

Notiz(en)/ Bemerkung(en):

Realisierbar im eigenen Unternehmen? ☐ ja ☐ nein

„Ja, ich möchte die Kosten senken – aber richtig!"

Maßnahme:	Supplier Relationship Management (SRM)	Tipp-Nummer 53

Aufwandskonto: 60 .. – Aufwendungen für Roh-, Hilfs- und Betriebsstoffe und für bezogene Waren

Erläuterungen zur Maßnahme: Mit Hilfe eines softwaregestützten Lieferantenmanagements, kurz SRM (Supplier Relationship Management), können Abnehmer und Lieferant ihre Kosten senken. Dabei geht es um die Lieferantenauswahl, die kontinuierliche Lieferantenbewertung und Lieferantenentwicklung. Gemeinsam sollen Verbesserungspotenziale gesucht werden, um Kosteneinsparungen auf beiden Seiten zu erzielen. So kann bspw. ein Lieferant, aufgrund einer regelmäßigen mtl. Vorhersage des Abnahmevolumens durch seine Abnehmer, seine Lagerbestände und damit seine Kosten reduzieren. Die entstandene Kostenersparnis gibt er dann z.T. an diese Abnehmer weiter. Man zieht quasi an einem Strang. Durch SRM werden die Zulieferer stärker in die Unternehmensprozesse eingebunden, wodurch sich Kosteneinsparungen ergeben.

Auswirkung(en):
- Senkung von Material-, Prozess-, Entwicklungs-, Kulanz- und Garantiekosten
- erhöhte Prozesstransparenz
- langfristige, partnerschaftliche Lieferantenbeziehung
- aufgrund kürzerer Durchlaufzeiten, ergeben sich verringerte Lieferzeiten
- höhere Kundenzufriedenheit und ggf. steigende Umsätze

(Vgl. Gloger, 2003, a.a.O., S. 16-18)

Notiz(en)/ Bemerkung(en):

Realisierbar im eigenen Unternehmen? ☐ ja ☐ nein

„Ja, ich möchte die Kosten senken – aber richtig!"

| Maßnahme: | Sofortige und sorgfältige Wareneingangsprüfung | Tipp-Nummer 54 |

Aufwandskonto: 60 .. – Aufwendungen für Roh-, Hilfs- und Betriebsstoffe und für bezogene Waren

Erläuterungen zur Maßnahme: Bei jeder Warenannahme muss eine sofortige und sorgfältige Wareneingangsprüfung stattfinden. Schon bei dem kleinsten Hinweis auf einen Sachmangel sollte ein Schadensvermerk auf dem Ablieferbeleg erfolgen. Nur so lassen sich Gewährleistungsansprüche aufgrund von Sachmängeln problemlos durchsetzen und ärgerliche, zusätzliche Kosten vermeiden. Dabei ist zu beachten, dass der Spediteur i.d.R. nur dann haftet, wenn der Schadensvermerk genau beschrieben wurde (z.B. „Ware mit beschädigtem Karton angeliefert; Schadensmeldung folgt"). Ein Hinweis „Annahme unter Vorbehalt", der oft standardmäßig von der Empfangs-Person vermerkt wird, reicht nicht aus.

Auswirkung(en):
- reibungslose Geltendmachung von Gewährleistungsansprüchen bei Sachmängeln und somit Vermeidung von zusätzlichen Kosten

Notiz(en)/ Bemerkung(en):

Realisierbar im eigenen Unternehmen?   ☐ ja   ☐ nein

„Ja, ich möchte die Kosten senken – aber richtig!"

Maßnahme:	Recycling	Tipp-Nummer 55

Aufwandskonto: 60 .. – Aufwendungen für Roh-, Hilfs- und Betriebsstoffe und für bezogene Waren

Erläuterungen zur Maßnahme: Recycling, d.h. die Gewinnung von Sekundärrohstoffen aus Abfällen (durch Wiederverwendung, stoffliche und energetische Verwertung), führt zu Einsparungen im Beschaffungs- und Entsorgungsbereich. Recycling kann unmittelbar im eigenen Unternehmen oder in Zusammenarbeit mit einem externen Dienstleister stattfinden. Beispiele für Recycling sind:

- das Schreddern von Modellen im Formbau (z.B. Gebissmodelle in Zahnarztpraxen)
- die Aufarbeitung von Baustoffen (Mauer- und Dachziegel, Metallbeschläge, Schlösser etc.)
- die Wiederverwendung von Verpackungsmaterial
- der erneute Einsatz von Altordnern (bspw. aus abgelaufenen Archivjahrgängen)

Auswirkung(en):
- Senkung der Beschaffungskosten
- Reduzierung der Entsorgungskosten
- verringerte Umweltbelastung

Notiz(en)/ Bemerkung(en):

Realisierbar im eigenen Unternehmen?	☐ ja	☐ nein

„Ja, ich möchte die Kosten senken – aber richtig!"

| Maßnahme: | Richtige, günstige und umweltfreundliche Verpackung aller Waren | Tipp-Nummer 56 |

Aufwandskonto: 6040 – Aufwendungen für Verpackungsmaterial

Erläuterungen zur Maßnahme: Zur Vermeidung von Transportschäden und damit verbundenen Kosten ist es ratsam, dass passende Verpackungsmaterial zu verwenden. Um die Aufwendungen für diese Notwendigkeit dennoch im Rahmen zu halten, sind folgende Maßnahmen zu empfehlen:
- Wahl der richtigen Verpackungsform
- sorgfältiges und platzsparendes Verpacken der Ware
- günstige Beschaffung des Verpackungsmaterials
- Wiederverwendung von, im Rahmen von Warenanlieferungen selbst erhaltenem, Verpackungsmaterial
- Vermeidung von unnötigen Umverpackungen (z.B. zusätzliche Schrumpffolie bei Kartonware)
- Einsatz umweltverträglicher Materialien zur Verpackung

Alle Maßnahmen dürfen jedoch nicht zu Lasten der Verpackungsqualität gehen.

Auswirkung(en):
- Einsparung von Verpackungsmaterial und damit verbundenen Kosten
- Reduzierung der Kosten, aufgrund von Transportschäden
- umweltfreundliche Wiederverwendung von Verpackungsmaterial und somit auch Einsparung von Müllentsorgungskosten
- ein Umweltengagement zieht auch oft umweltbewusste Kunden an und führt damit zu höheren Umsatzerlösen

Notiz(en)/ Bemerkung(en):

Realisierbar im eigenen Unternehmen?   ☐ ja   ☐ nein

„Ja, ich möchte die Kosten senken – aber richtig!"

| **Maßnahme:** | Palettenmanagement | Tipp-Nummer 57 |

Aufwandskonto: 6040 – Aufwendungen für Verpackungsmaterial

Erläuterungen zur Maßnahme: Mit einem gut organisierten Palettenmanagement können in vielen Unternehmen die Kosten immens gesenkt werden. Bestandteile eines sinnvollen und effektiven Palettenmanagements sind:

- gewissenhafte Paletteneingangs- und -ausgangsprüfung hinsichtlich möglicher Beschädigungen und Vollständigkeit
- Organisation eines koordinierten Leerpalettenrücklaufes
- Einsatz einer Palettenbuchführung
- professionelle Palettenbeschaffung
- sorgfältiges Palettenhandling
- effiziente Reparatur- und Ersatzbeschaffung

Auswirkung(en):
- Senkung der Kosten für Paletten (Transporthilfsmittel)
- Verwendung qualitativ hochwertiger, einwandfreier Paletten
- termingerechte Bereitstellung von Paletten
- weniger Warenschäden
- keine Umpackzeiten, aufgrund beschädigter Paletten
- Vermeidung von Lieferverzögerungen und damit unzufriedenen Kunden

Notiz(en)/ Bemerkung(en):

Realisierbar im eigenen Unternehmen?   ☐ ja   ☐ nein

„Ja, ich möchte die Kosten senken – aber richtig!"

2.3 Aufwendungen für bezogene Leistungen

In dieser Kontengruppe werden die folgenden Kostenarten verbucht:

Kontengruppe 61

Kontonummer	Bezeichnung
6100	Fremdleistungen für Erzeugnisse und andere Umsatzleistungen
6140	Frachten und Fremdlager
6150	Vertriebsprovisionen
6160	Fremdinstandhaltung
6170	Sonstige Aufwendungen für bezogene Leistungen

(Vgl. Schmolke/Deitermann, 2002, a.a.O., Anhang)

Grundsätzlich ist eine Reduzierung aller dieser Kosten anzustreben. Die folgenden Maßnahmen zur Senkung dieser Kosten sind jedoch besonders hervorzuheben.

„Ja, ich möchte die Kosten senken – aber richtig!"

Maßnahme:	Frachtkosten für erhaltene Lieferungen senken	Tipp-Nummer 58

Aufwandskonto: 6140 – Frachten und Fremdlager

Erläuterungen zur Maßnahme:	Beim Bezug von Roh-, Hilfs- und Betriebsstoffen sowie Ware fallen Frachtkosten an, die der Lieferant dem Kunden oft berechnet. Um diese Kosten zu minimieren, bieten sich z.B. folgende Möglichkeiten an: • Beauftragung einer kostengünstigen Fremdspedition mit der Abholung • Selbstabholung mit eigenem Personal und Fahrzeug, soweit „freie" Kapazitäten vorhanden • Sammelbestellungen, d.h. bestimmte Artikel nur in dringenden Ausnahmefällen einzeln bestellen; ansonsten mehrere Artikel „sammeln" und in einer Bestellung zusammenfassen • ggf. vorhandene frachtkostenfreie Mindestbestellwerte beachten bzw. überschreiten Im Vorfeld ist immer eine Kostenvergleichsrechnung zu empfehlen, damit in der Summe nicht erhöhte Kosten anfallen.
Auswirkung(en):	• Senkung der Frachtkosten bzw. Bezugsnebenkosten

Notiz(en)/ Bemerkung(en):

Realisierbar im eigenen Unternehmen? ☐ ja ☐ nein

„Ja, ich möchte die Kosten senken – aber richtig!"

Maßnahme:	Optimale Wartungsverträge für Bürosysteme vereinbaren	Tipp-Nummer **59**

Aufwandskonto: 6160 – Fremdinstandhaltung

Erläuterungen zur Maßnahme:	Um die reibungslose Funktion aller Bürosysteme (Kopierer, Drucker, Faxgeräte) im Unternehmen zu gewährleisten, wird oft ein Wartungsvertrag mit einem Dienstleister abgeschlossen. Bei der Vereinbarung derartiger Verträge, sollte unter Kostengesichtspunkten möglichst folgendes vereinbart werden: • bei Zählerstandsabrechnungen sollte ein (pauschaler) Abzug von Test-Kopien bzw. -Drucken erfolgen, die vom Servicepersonal im Rahmen der Wartung erstellt werden • die Höhe des vereinbarten, mtl. Freikopien- bzw. Freidruckvolumina sollte sich bestmöglich am tatsächlichen Bedarf orientieren, um ärgerliche, höhere Nachzahlungen zu vermeiden; für nicht in Anspruch genommene Volumina erfolgt i.d.R. kein Kostenrückerstattung durch den Dienstleister • die Zählerstands-Abrechnungsperiode sollte größtmöglich gewählt werden, um saisonale Schwankungen im mtl. Kopier- bzw. Druckvolumen ausgleichen zu können
Auswirkung(en):	• Senkung bzw. Begrenzung der Wartungs- und Verbrauchsmaterialkosten für Bürosysteme
Notiz(en)/ Bemerkung(en):	

Realisierbar im eigenen Unternehmen?		☐ ja	☐ nein

„Ja, ich möchte die Kosten senken – aber richtig!"

2.4 Löhne/Gehälter

In dieser Kontengruppe werden die folgenden Kostenarten verbucht:

Kontengruppe 62/63

Kontonummer	Bezeichnung
6200	Löhne einschließlich tariflicher, vertraglicher und/oder arbeitsbedingter Zulagen
6210	Urlaubs- und Weihnachtsgeld
6220	Sonstige tarifliche oder vertragliche Aufwendungen für Lohnempfänger
6230	Freiwillige Zuwendungen
6250	Sachbezüge
6260	Vergütungen an gewerbliche Auszubildende
6300	Gehälter und Zulagen
6310	Urlaubs- und Weihnachtsgeld
6320	Sonstige tarifliche oder vertragliche Aufwendungen
6330	Freiwillige Zuwendungen
6350	Sachbezüge
6360	Vergütungen an Auszubildende

(Vgl. Schmolke/Deitermann, 2002, a.a.O., Anhang)

Grundsätzlich ist eine Reduzierung aller dieser Kosten anzustreben. Die folgenden Maßnahmen zur Senkung dieser Kosten sind jedoch besonders hervorzuheben.

„Ja, ich möchte die Kosten senken – aber richtig!"

Maßnahme:	Stellenabbau	Tipp-Nummer 60

Aufwandskonto: 62 .. / 63 .. – Löhne und Gehälter

Erläuterungen zur Maßnahme:	Ein Stellenabbau bewirkt große Kosteneinsparungen, da die Personalkosten oft den größten Kostenblock verursachen. Der Personalabbau erfolgt über eine ordentliche oder außerordentliche Kündigung. In Unternehmen, die mehr als zehn vollbeschäftigte (befristete oder unbefristete) Arbeitnehmer beschäftigen, ist das Kündigungsschutzgesetz (KSchG) zu beachten. Danach muss die Kündigung „sozial gerechtfertigt" sein, wobei zwischen personen-, verhaltens- und betriebsbedingten Kündigungen unterschieden wird. In den ersten sechs Monaten des neuen Arbeitsverhältnisses besteht unabhängig des KSchG keine Kündigungsschutz für den Arbeitnehmer, soweit plausible Beweggründe diese Kündigung rechtfertigen (Ausnahme: schützenswerte Personengruppen). Bevor Stellen abgebaut werden, sollte aus betriebswirtschaftlichen (Vermeidung hoher Abfindungen) und sozialen Gründen geprüft werden, ob der Mitarbeiter nicht anderweitig eingesetzt werden kann.
Auswirkung(en):	- Senkung der Personalkosten - durch weniger Personal ergeben sich noch Einsparungen bei anderen Kostenarten (Raumbedarf/-miete, Telekommunikation usw.) - ggf. Unterschreitung der KSchG-Mindestarbeitnehmeranzahl

Notiz(en)/ Bemerkung(en):

Realisierbar im eigenen Unternehmen?   ☐ ja   ☐ nein

„Ja, ich möchte die Kosten senken – aber richtig!"

Löhne/Gehälter

Maßnahme:	Outplacement	Tipp-Nummer
		61

Aufwandskonto: 62 .. / 63 .. – Löhne und Gehälter

Erläuterungen zur Maßnahme:	Aus Kostengründen lässt sich ein Personalabbau leider u.U. nicht vermeiden. Um langwierige, kostenintensive Konflikte zwischen Arbeitnehmer und Arbeitgeber zu vermeiden, bietet sich „Outplacement" an. Outplacement bedeutet dabei, dass das Unternehmen ihre freizusetzenden Mitarbeiter unterstützt, vor Eintritt der Arbeitslosigkeit, einen neuen Arbeitsplatz zu finden. Auf Kosten des bisherigen Arbeitgebers wird mit dem scheidenden Mitarbeiter eine professionelle Bewerbungsstrategie erarbeitet und ein Bewerbertraining durchgeführt. Diese einvernehmliche, faire und soziale Lösung reduziert bzw. verringert Prozesskosten und Abfindungsaufwendungen, die im Zusammenhang mit dem Personalabbau oft anfallen. Das Unternehmen wird seiner sozialen Verantwortung in besonderem Umfang gerecht.

| **Auswirkung(en):** | - Senkung der Personalkosten und Kosten für Abfindungen
- Reduzierung von Prozesskosten
- Unterbinden von Konflikten und mgl. Rechtsstreiten zwischen den Beteiligten
- Vermeidung eines möglichen Motivationsverlustes beim scheidenden Mitarbeiter
- intensive Betreuung und Wertschätzung des betroffenen Mitarbeiters
- bessere Zukunftsperspektive für scheidenden Mitarbeiter |
|---|---|

Notiz(en)/ Bemerkung(en):

Realisierbar im eigenen Unternehmen?	☐ ja	☐ nein

„Ja, ich möchte die Kosten senken – aber richtig!"

Maßnahme: Einstellungsstopp	**Tipp-Nummer** 62

Aufwandskonto: 62 .. / 63 .. – Löhne und Gehälter

Erläuterungen zur Maßnahme: Um steigenden Personalkosten entgegenzuwirken, kann der „Einstellungsstopp" eine erste Maßnahme sein. Einstellungsstopp bedeutet, wie die Bezeichnung schon erahnen lässt, dass vorerst keine neuen Mitarbeiter eingestellt werden und frei gewordene Stellen (im Rahmen der üblichen Fluktuation) nicht wieder besetzt werden. Anstelle der Neubesetzung einer vorhandenen Stelle, werden die Tätigkeiten des bisherigen Stelleninhabers auf die anderen Beschäftigten verteilt. U.U. ist damit auch eine Änderung der Ablauforganisation erforderlich. In jedem Fall sollte die Umverteilung möglichst gerecht und entsprechend der Qualifikation der Mitarbeiter erfolgen.
Ggf. bietet sich auch ein „Outsourcing" von Teilaufgaben an externe Dienstleister an. (Siehe Maßnahme „Outsourcing".)

Auswirkung(en):
- Begrenzung bzw. Senkung der Personalkosten
- Signalwirkung für die verbleibenden Mitarbeiter

Notiz(en)/ Bemerkung(en):

Realisierbar im eigenen Unternehmen?	☐ ja	☐ nein

„Ja, ich möchte die Kosten senken – aber richtig!"

Löhne/Gehälter

Maßnahme:	Teilzeitarbeitsplätze anbieten	Tipp-Nummer 63

Aufwandskonto: 62 .. / 63 .. – Löhne und Gehälter

Erläuterungen zur Maßnahme:	Eine weitere Möglichkeit Kosten abzubauen, besteht im gezielten Fördern von Teilzeitarbeitsplätzen. Kommunizieren Sie im Bedarfsfall offen diese Möglichkeit in Ihrem Unternehmen. Mit großer Wahrscheinlichkeit wird dann der eine oder andere Arbeitnehmer diese Möglichkeit in Anspruch nehmen. Aufgrund des Teilzeit- und Befristungsgesetzes (TzBfG) haben Arbeitnehmer ohnehin seit 01.01.2001 (einseitig) einen Anspruch auf eine Verringerung ihrer bisher gültigen, vertraglich vereinbarten Arbeitszeit. Voraussetzung ist, dass keine dringenden „betrieblichen Gründe" entgegenstehen, das Arbeitsverhältnis seit mind. sechs Monaten besteht, der Betrieb i.d.R. mehr als 15 Arbeitnehmer beschäftigt, kein Antrag auf Verringerung der Arbeitszeit innerhalb der letzten zwei Jahre seitens des Arbeitnehmers gestellt wurde und der Teilzeitwunsch mindestens drei Monate vor dem Beginn der gewünschten Teilzeit vom Mitarbeiter mündlich oder schriftlich geäußert wurde.
Auswirkung(en):	▪ Senkung der Personalkosten

Notiz(en)/ Bemerkung(en):

Realisierbar im eigenen Unternehmen?	☐ ja ☐ nein

„Ja, ich möchte die Kosten senken – aber richtig!"

Maßnahme:	Altersteilzeit älteren Arbeitnehmern anbieten	Tipp-Nummer **64**

Aufwandskonto: 62 .. / 63 .. – Löhne und Gehälter

Erläuterungen zur Maßnahme:	Aufgrund des „Altersteilzeitgesetzes" ist es möglich, älteren Mitarbeitern (die das 55. Lebensjahr vollendet haben) einen gleitenden Übergang vom Erwerbsleben in den Ruhestand zu ermöglichen. Die Arbeitszeit wird dabei um 50% reduziert, wobei das Netto-Einkommen des Mitarbeiters durch sog. Aufstockungsbeiträge (um mind. 20% des Regelarbeitsentgeltes während der Altersteilzeit) abgesichert wird. Ebenso muss der Arbeitgeber den Beitrag zur gesetzliche Rentenversicherung aufstocken (mind. in Höhe des Beitrages, der auf 80% des Regelarbeitsentgeltes für die Altersteilzeit entfällt). Wenn der Arbeitgeber den durch die Altersteilzeit frei werdenden Arbeitsplatz durch einen Arbeitslosen bzw. durch Übernahme eines gerade Ausgebildeten wieder besetzt, so erstattet die Bundesanstalt für Arbeit innerhalb der o.g. Grenzen die Aufstockungsbeiträge dem Arbeitgeber zurück (max. 6 Jahre).
Auswirkung(en):	• Senkung der Personalkosten, da mittelfristig jüngere Arbeitnehmer im Unternehmen beschäftigt werden, die i.d.R. geringere Löhne/Gehälter erhalten • verbesserte Alters- und Qualifikationsstruktur • wenn der Arbeitgeber die frei gewordene Stelle nicht erneut besetzt, so werden ihm zwar seine Aufstockungszahlungen nicht erstattet, aber er kann so u.U. dennoch relativ „kostengünstig" Personal abbauen (anstelle hoher Abfindungszahlungen) *(Vgl. Schönfeld, 2004, a.a.O. , S. 45-49)*
Notiz(en)/ Bemerkung(en):	

Realisierbar im eigenen Unternehmen?	☐ ja	☐ nein

„Ja, ich möchte die Kosten senken – aber richtig!"

Löhne/Gehälter

Maßnahme:	Worksharing	Tipp-Nummer **65**

Aufwandskonto: 62 .. / 63 .. – Löhne und Gehälter

Erläuterungen zur Maßnahme:	Zum kostengünstigen Ausgleich von saisonalen oder kurzfristigen Auftragsschwankungen bietet sich eine flexible Arbeitszeitgestaltung an. Falls jedoch diese Möglichkeit nicht ausreicht, so muss leider an eine Reduzierung der Arbeitszeit gedacht werden. Um einen Personalabbau zu vermeiden, bietet sich „Worksharing", d.h. die interne Arbeitsumverteilung zur Senkung der effektiven Arbeitszeit und damit der Personalkosten an. Im Zusammenhang mit „Worksharing" sind folgende, u.U. auch kombinierbare Möglichkeiten zu nennen: • Kurzarbeit • Zurückführung von Arbeitszeitkonten (auch ins Minus) • kollektive Arbeitszeitverkürzung • effektive Arbeitszeitverkürzung • individuelle Arbeitszeitverkürzung Gerade um unerfreuliche, betriebsbedingte Kündigungen zu vermeiden, ist Worksharing eine beachtenswerte Alternative.
Auswirkung(en):	• Senkung der Personalkosten

(Vgl. Ernst, 2003, a.a.O. , S. 54-59)

Notiz(en)/ Bemerkung(en):

Realisierbar im eigenen Unternehmen?	☐ ja	☐ nein

„Ja, ich möchte die Kosten senken – aber richtig!"

| **Maßnahme:** | Geringe bzw. keine Gehaltssteigerungen | Tipp-Nummer **66** |

Aufwandskonto: 62 .. / 63 .. – Löhne und Gehälter

| **Erläuterungen zur Maßnahme:** | Geringe bzw. keine Gehaltssteigerungen sind eine weitere Möglichkeit steigende Kosten zu vermeiden. Falls sich das Unternehmen einem Tarifvertrag angeschlossen hat, so bietet sich eine Verrechnung mit dem übertariflichen Gehaltsanteil an. Natürlich ist diese Maßnahme eine sehr unpopuläre Maßnahme. Um so wichtiger ist es, dass derartige Aktionen seitens der Geschäftsleitung offen erläutert werden. Schlecht wäre es, wenn sich die Geschäftsleitung neue, größere Firmenwagen „genehmigt" und gleichzeitig eine Nullrunde für die Arbeitnehmer gefahren wird. Die demotivierende Wirkung und eine hohe Fluktuation der Leistungsträger, spätestens bei Verbesserung der konjunkturellen Lage, sollte jedem klar sein. |

| **Auswirkung(en):** | • Begrenzung der Personalkosten |

| **Notiz(en)/ Bemerkung(en):** | |

| Realisierbar im eigenen Unternehmen? | ☐ ja   ☐ nein |

„Ja, ich möchte die Kosten senken – aber richtig!"

| **Maßnahme:** | Befristete Arbeitsverträge abschließen | Tipp-Nummer **67** |

Aufwandskonto: 62 .. / 63 .. – Löhne und Gehälter

Erläuterungen zur Maßnahme:	Befristete Arbeitsverträge zeichnen sich dadurch aus, dass das Arbeitsverhältnis zu einem festgelegten Datum endet. Damit lassen sich Kosten (z.B. Abfindungen) und Risiken (z.B. Arbeitsplatzansprüche ggf. aus dem Mutterschutz zurückkehrender Arbeitnehmerinnen) von vornherein begrenzen. Bei befristeten Verträgen ist zwischen einer Befristung mit sachlichem Grund und ohne sachlichem Grund zu unterscheiden. Eine Befristung mit sachlichem Grund wäre bspw. aufgrund einer temporären Krankheitsvertretung oder eines anstehenden, zeitlich begrenzten Projektes und einem damit verbundenen Personalbedarf gerechtfertigt. Im Falle einer Befristung ohne sachlichem Grund darf ein befristeter Arbeitsvertrag jedoch max. dreimal verlängert und die Gesamtdauer von zwei Jahren (Ausnahme: Existenzgründer vier Jahre) nicht überschritten werden, wenn der Arbeitnehmer nicht älter als 52 Jahre ist (ansonsten ohne zeitliche Begrenzung).
Auswirkung(en):	• Begrenzung der Personalkosten • Reduzierung von Risiken

Notiz(en)/ Bemerkung(en):

Realisierbar im eigenen Unternehmen?   ☐ ja   ☐ nein

„Ja, ich möchte die Kosten senken – aber richtig!"

Maßnahme:	Zeitarbeitspersonal befristet einsetzen	Tipp-Nummer 68

Aufwandskonto: 62 .. / 63 .. – Löhne und Gehälter

Erläuterungen zur Maßnahme:	Durch den Einsatz von Zeitarbeitspersonal kann der Personalbestand kurzfristig an die jeweilige Geschäftsentwicklung angepasst werden. Aber auch zur Überbrückung von Fluktuationen oder im Vorfeld einer bevorstehenden, personalmindernden Umstrukturierung können Zeitarbeitskräfte eingesetzt werden. Neben dieser Flexibilität und Risikoreduzierung sind die Kosten häufig niedriger, da für Sozialabgaben und Abwesenheitszeiten (z.B. bei Krankheit, Urlaub) keinerlei Kosten anfallen. Ebenso sinkt das Risiko von „Fehlgriffen", da ein schneller Austausch der Zeitarbeitskraft bei Nichteignung problemlos möglich ist. Trotz dieser „Austauschoption" sollte im Vorfeld eine genaue Prüfung der Zeitarbeitskraft hinsichtlich deren Einsatzmöglichkeit und -dauer sowie Qualifikation erfolgen, um Zeitverzögerungen zu vermeiden. Zur Vermeidung der „Equal Treatment"-Regelung, sollten Zeitarbeitsunternehmen eingesetzt werden, die sich einem gültigen Tarifvertrag angeschlossen haben.
Auswirkung(en):	<ul><li>Senkung der Personalkosten</li><li>keine Kostenbelastung bei Abwesenheit (Urlaub, Krankheit)</li><li>höhere Flexibilität und Risikoreduzierung</li><li>kurzfristige „Austauschoption" bei Fehleinschätzung</li><li>Möglichkeit einer anschließenden, ablösefreien Festübernahme nach erfolgreichem Einsatz</li></ul>

Notiz(en)/ Bemerkung(en):

Realisierbar im eigenen Unternehmen? ☐ ja ☐ nein

„Ja, ich möchte die Kosten senken – aber richtig!"

Löhne/Gehälter

Maßnahme:	Geringfügig entlohnte Beschäftigung: Minijobs	Tipp-Nummer 69

Aufwandskonto: 62 .. / 63 .. – Löhne und Gehälter

Erläuterungen zur Maßnahme:	Im Rahmen von geringfügig entlohnten Beschäftigungsverhältnissen (sog. „Minijobs") können Tätigkeiten ausgeführt werden, die keine Vollzeitbeschäftigung erfordern. Bei einer geringfügig entlohnten Beschäftigung, d.h. wenn das regelmäßige Arbeitsentgelt von bis zu 400,- € pro Monat (incl. ggf. anteiligem Urlaubs- und Weihnachtsgeld sowie unter Beachtung einer mgl. Tarifbindung) nicht überschritten wird, hat der Arbeitnehmer keinerlei Abzüge – unabhängig davon, ob er noch einer anderen versicherungspflichtigen Hauptbeschäftigung nachgeht oder andere positive Einkünfte (z.B. Mieteinnahmen) erzielt. Der Arbeitgeber muss zusätzlich lediglich 25% pauschale Sozialabgaben und Steuern an die Einzugsstelle der Bundesknappschaft entrichten. Wenn die Aushilfe privat krankenversichert oder beamtenrechtlich beihilfeberechtigt ist, werden sogar nur 14% fällig. Die bisherige Beschränkung der Wochenarbeitszeit auf max. 15 Stunden wurde abgeschafft.
Auswirkung(en):	• Begrenzung der Personalkosten • Senkung der Sozialabgaben • weniger Bürokratie für Arbeitgeber

(Vgl. IHK Aachen, 2004, a.a.O., S. 1-4)

Notiz(en)/ Bemerkung(en):

Realisierbar im eigenen Unternehmen?	☐ ja	☐ nein

„Ja, ich möchte die Kosten senken – aber richtig!"

Maßnahme:	Freie Mitarbeiter auf eigene Rechnung	Tipp-Nummer **70**

Aufwandskonto: 62 .. / 63 .. – Löhne und Gehälter

Erläuterungen zur Maßnahme:	Zur Bewältigung von anstehenden Aufgaben sind freie Mitarbeiter eine kostengünstige Alternative zu festangestellten Mitarbeitern. Freie Mitarbeiter werden nur bei entsprechender Auftragslage eingesetzt und die Bezahlung erfolgt auch nur, wenn die Tätigkeit auftragsgemäß erledigt wurde. Darüber hinaus verursachen sie einen geringeren Verwaltungsaufwand und weniger Kosten, da freie Mitarbeiter eigenverantwortlich Sozialversicherungsbeiträge und Steuern abführen müssen. Eine Rechnungsstellung seitens der freien Mitarbeiter erfolgt demnach nur, wenn die Arbeitsleistung dieser freien Mitarbeiter tatsächlich benötigt wurde. Da die Sozialversicherungen genau überwachen, ob der freie Mitarbeiter in Wirklichkeit ein sozialversicherungspflichtiger Arbeitnehmer in „Scheinselbständigkeit" ist, sollte dieser Verdacht unbedingt vermieden werden. Um Scheinselbständigkeit zu vermeiden, darf der freie Mitarbeiter nicht weisungsgebunden und kein Teil des Betriebes sein.
Auswirkung(en):	- Senkung der Personalkosten - Risikoreduzierung, da bei schwacher Auftragslage keine Kosten anfallen

Notiz(en)/ Bemerkung(en):

Realisierbar im eigenen Unternehmen?　☐ ja　☐ nein

„Ja, ich möchte die Kosten senken – aber richtig!"

Maßnahme:	„Springer" ausbilden und einsetzen	Tipp-Nummer **71**

Aufwandskonto: 62 .. / 63 .. – Löhne und Gehälter

Erläuterungen zur Maßnahme:	Universal, in verschiedenen Abteilungen, einsetzbare Mitarbeiter ohne festem Aufgabengebiet, oft auch „Springer" genannt, sind eine effiziente Möglichkeit, kurzfristigen Personalengpässen in größeren Unternehmen zu begegnen. Diese Personalengpässe können in allen Abteilungen bspw. aufgrund von Abwesenheitszeiten (Krankheit, Urlaub), kurzfristiger Personalfluktuation (z.B. aufgrund einer fristlosen Kündigung) oder eines hohen Auftragseinganges entstehen. Voraussetzung für eine derartige Maßnahme ist, dass der Springer rechtzeitig und ausreichend auf die zeitkritischen Tätigkeiten angelernt wurde, um im Bedarfsfall tatsächlich eine Unterstützung und keine Belastung für die betroffene Abteilung darzustellen. Natürlich ist die Einstellung eines Springers nur dann wirtschaftlich, wenn eine abteilungsübergreifende Vollbeschäftigung dieses Mitarbeiters im gesamten Unternehmen sichergestellt ist.
Auswirkung(en):	- Senkung der Personal- und Prozesskosten, da ein wiederkehrendes, zeitaufwendiges Beschaffen und Anlernen von Arbeitskräften (z.B. Zeitarbeitskräften) auf ein Minimum beschränkt wird - gestiegene Termintreue gegenüber Kunden und anderen Abteilungen - verbessertes Betriebsklima und erhöhte Mitarbeitermotivation, weil unnötige Mehrbelastungen (z.B. Überstunden) vermieden bzw. minimiert werden
Notiz(en)/ Bemerkung(en):	

Realisierbar im eigenen Unternehmen?	☐ ja	☐ nein

„Ja, ich möchte die Kosten senken – aber richtig!"

Maßnahme:	Mehr Auszubildende	Tipp-Nummer
		72

Aufwandskonto: 62 .. / 63 .. – Löhne und Gehälter

Erläuterungen zur Maßnahme:	Das Ausbilden von jungen Menschen kann sich auch für Unternehmen lohnen. So kann durch ein gezieltes, kontinuierliches Ausbilden der zukünftige Personalbedarf ganz oder zumindest teilweise gedeckt werden. Damit stehen, spätestens am Ende der Ausbildung, qualifizierte Arbeitskräfte mit unternehmensspezifischem Wissen und i.d.R. moderaten Gehaltsforderungen zur Verfügung. Ob die Ausgebildeten am Ende der Ausbildungszeit übernommen werden, kann je nach Engagement der Person und der Geschäftslage flexibel entschieden werden. Häufig können die Auszubildenden auch schon mit fortschreitender Ausbildungszeit verstärkt „gewinnbringend" im Unternehmen eingebunden werden. Natürlich darf ein Ausbilden von jungen Menschen nicht zur Abdeckung aller Hilfstätigkeiten missbraucht werden.

Auswirkung(en):	• Senkung der Personalkosten (incl. Personalbeschaffungskosten) • zukunftsorientierte, flexible Personalplanung (kontinuierliche Personalbedarfsdeckung) • Perspektive für junge Menschen • gesellschaftlicher Beitrag des Unternehmens

Notiz(en)/ Bemerkung(en):	

Realisierbar im eigenen Unternehmen?	☐ ja	☐ nein

„Ja, ich möchte die Kosten senken – aber richtig!"

Maßnahme:	Flexibles Arbeitszeitmodell	Tipp-Nummer **73**

Aufwandskonto: 62.. / 63.. – Löhne und Gehälter

Erläuterungen zur Maßnahme:	Ein effizientes Arbeitszeitmodell muss eine flexible Arbeitszeit unter Gewährleistung einer abteilungsbezogenen Mindesterreichbarkeit (z.B. von 8:00 bis 17:00) vorsehen. Ziel muss sein, dass nur dann Personalkosten anfallen, wenn auch tatsächlich ein Personalbedarf besteht und damit Vollbeschäftigung gewährleistet werden kann. Ggf. angefallene Überstunden dürfen per Freizeitausgleich abgebaut werden, wobei nur eine minimale Stundenanzahl in den Folgemonat übernommen werden darf und der Rest verfällt (Ausnahme: im Vorfeld genehmigte Überstunden). Ansonsten wird u.U. jegliche, auch subjektiv erscheinende Mehrarbeit nur über ein endloses Ansammeln von Überstunden kompensiert, ohne jedoch über die eigene Arbeitseffizienz nachzudenken. Um eine fehlerfreie Arbeitszeitermittlung sicherzustellen, ist eine elektronische Arbeitszeiterfassung (keine Selbsterfassung) zu empfehlen. (Siehe auch Maßnahme „Effiziente Arbeitszeiterfassung".)
Auswirkung(en):	<ul><li>Senkung der Personalkosten</li><li>flexibler, bedarfsgerechter, kundenorientierter Einsatz des Personals</li><li>Mitarbeiter überdenken ihre eigene Arbeitsplatz-Organisation bzw. bitten ihre Führungskraft um Unterstützung, um in der definierten Arbeitszeit ihre gesamte Arbeit zu schaffen; Erhöhung der Arbeitseffektivität</li><li>eine flexibles Arbeitszeitmodell führt i.d.R. auch zu einer höheren Zufriedenheit bzw. Motivation der Mitarbeiter</li></ul>
Notiz(en)/ Bemerkung(en):	

Realisierbar im eigenen Unternehmen?	☐ ja	☐ nein

„Ja, ich möchte die Kosten senken – aber richtig!"

Maßnahme:	Verlängerung der Arbeitszeit ohne Entgeltausgleich	Tipp-Nummer **74**

Aufwandskonto: 6200 – Löhne einschließlich ... Zulagen

6300 – Gehälter und Zulagen

Erläuterungen zur Maßnahme: Eine sehr unpopuläre, aber nicht zu unterschätzende, Möglichkeit die effektiven Personalkosten zu senken, ist die Verlängerung der Arbeitszeit ohne Entgeltausgleich (bspw. von 37,5 h/Woche auf 40 h/Woche). Parallel dazu wird die Anzahl an Mitarbeitern über z.B. natürliche Fluktuation verringert.

Zu diesem Zweck sollte mit jedem Beschäftigten eine schriftliche Vereinbarung getroffen werden. Allerdings sind derartige Vereinbarungen zur Verlängerung der Arbeitszeit ohne Entgeltausgleich nur dann wirksam, wenn keine beiderseitige Tarifbindung der beiden Parteien besteht.

Eine Verlängerung der Arbeitszeit in Form einer einseitigen Anordnung des Arbeitgebers oder durch eine Betriebsvereinbarung ist nicht möglich.

Auswirkung(en):
- Senkung der Personalkosten

(Vgl. LBE, 2004, a.a.O., S. 3)

Notiz(en)/ Bemerkung(en):

Realisierbar im eigenen Unternehmen?	☐ ja	☐ nein

„Ja, ich möchte die Kosten senken – aber richtig!"

Löhne/Gehälter

Maßnahme:	Effiziente Arbeitszeiterfassung	Tipp-Nummer **75**

Aufwandskonto: 6200 – Löhne einschließlich ... Zulagen

6300 – Gehälter und Zulagen

Erläuterungen zur Maßnahme: Im Zusammenhang mit einem flexiblen Arbeitszeitmodell ist auch eine effiziente, automatische Arbeitszeiterfassung unerlässlich. Dies bedeutet, dass alle Arbeitszeiten (auch Überstunden und Minderarbeitszeiten) exakt, vollständig und zentral erfasst werden. Ganzeinheitlichen Softwarelösungen, die über eine Schnittstelle zur Lohn- und Gehaltsabrechnungssoftware verfügen, die eine einfache Erfassung über einen einfachen Web-Browser ermöglichen und auch ein Genehmigungsverfahren für Urlaubsanträge berücksichtigen, werden große Zukunftschancen gegeben.

Eine manuelle Arbeitszeiterfassung, z.B. mit Hilfe eines (EDV-) Formulars, durch den Mitarbeiter auf „Vertrauensbasis" ist nicht zu empfehlen.

Auswirkung(en):
- exakte, vollständige Arbeitszeiterfassung und -vergütung
- größere Transparenz hinsichtlich der Arbeitszeiten
- verbesserte Auswertungs- und Steuerungsmöglichkeiten
- Reduzierung des Arbeitsaufwandes aller Beteiligten

Notiz(en)/ Bemerkung(en):

Realisierbar im eigenen Unternehmen?	☐ ja	☐ nein

„Ja, ich möchte die Kosten senken – aber richtig!"

Maßnahme:	Genaue, lückenlose Dokumentation von Abwesenheitszeiten	Tipp-Nummer **76**

Aufwandskonto: 6200 – Löhne einschließlich ... Zulagen

6300 – Gehälter und Zulagen

Erläuterungen zur Maßnahme: Jeder Arbeitnehmer hat Anspruch auf bezahlten Urlaub und Entgeltfortzahlung im Krankheitsfall. Dennoch sollte jeder Unternehmer alle Abwesenheitszeiten genau dokumentieren und prüfen. Eine genaue Dokumentation aller Urlaubstage sorgt dafür, dass in Anspruch genommene Urlaubstage auch tatsächlich den verbleibenden Urlaubsanspruch reduzieren. Eine Entgeltfortzahlung durch den Unternehmer hat nur dann zu erfolgen, wenn das Arbeitsverhältnis länger als 4 Wochen besteht. Darüber hinaus hat der Mitarbeiter nach § 3 Absatz 1 Entgeltfortzahlungsgesetz (EFZG) einen Anspruch auf Entgeltfortzahlung für nur 6 Wochen (= 42 Kalendertage). Bei wiederholter Arbeitsunfähigkeit, wegen der gleichen Krankheit, hat er grundsätzlich nur einmal Anspruch auf 6 Wochen Entgeltfortzahlung. Darauf sollte jeder Unternehmer genau achten. Bei selbst verschuldeter Arbeitsunfähigkeit (z.B. Alkoholmissbrauch) braucht seitens des Arbeitgebers keine Entgeltfortzahlung erfolgen.

Auswirkung(en):
- Senkung der Personalkosten

Notiz(en)/ Bemerkung(en):

Realisierbar im eigenen Unternehmen?	☐ ja	☐ nein

„Ja, ich möchte die Kosten senken – aber richtig!"

Maßnahme:	Schadensersatzansprüche geltend machen	Tipp-Nummer **77**

Aufwandskonto: 6200 – Löhne einschließlich ... Zulagen

6300 – Gehälter und Zulagen

Erläuterungen zur Maßnahme: Verkehrsunfälle der eigenen Mitarbeiter ziehen leider u.U. auch unfallbedingte Krankheitstage nach sich. Aufgrund der Entgeltfortzahlung entsteht dem Arbeitgeber dadurch ein Schaden. Aus diesem Grund sollte der Arbeitgeber an die Versicherung des Unfallverursachers herantreten, um Gehaltsregressansprüche für jeden Tag der Arbeitsunfähigkeit geltend zu machen. In die Berechnung fließen neben dem Bruttogehalt auch die Arbeitgeber-Anteile zur Sozialversicherung mit ein.

Auswirkung(en):
- Senkung der Personalkosten

Notiz(en)/ Bemerkung(en):

Realisierbar im eigenen Unternehmen?	☐ ja	☐ nein

„Ja, ich möchte die Kosten senken – aber richtig!"

Maßnahme:	Überprüfung der betrieblichen Erreichbarkeit (Öffnungszeiten)	Tipp-Nummer **78**

Aufwandskonto: 6200 – Löhne einschließlich ... Zulagen

6300 – Gehälter und Zulagen

Erläuterungen zur Maßnahme:	Kundenorientiertes Denken und Handeln ist einer der wichtigsten Garanten für betriebswirtschaftlichen Erfolg. Dabei muss jedoch immer im Einzelfall geprüft werden, ob der veranlasste Aufwand im „scheinbaren" Kundeninteresse auch tatsächlich in Relation zu entsprechenden Erträgen steht. So ist es z.B. unwirtschaftlich, wenn ein Call-Center täglich bis 20:00 Uhr besetzt ist, obwohl aus zuverlässigen Statistiken klar hervorgeht, dass ab 17:00 Uhr fast keinerlei Anrufe mehr eingehen. In diesem Fall wäre es sinnvoller, entweder die Erreichbarkeit einzuschränken oder einen Mitarbeiter mit einem mobilen Telefon zur Entgegennahme der vereinzelten Anrufe auszustatten (Rufbereitschaft). Dadurch lassen sich erhebliche Personalkosten sparen, die z.T. in der Preispolitik berücksichtigt werden sollten und damit letztendlich dem Kunden wieder zu Gute kommen.
Auswirkung(en):	• Senkung der Personalkosten • wettbewerbsfähige Preispolitik
Notiz(en)/ Bemerkung(en):	

Realisierbar im eigenen Unternehmen? ☐ ja ☐ nein

„Ja, ich möchte die Kosten senken – aber richtig!"

Löhne/Gehälter

Maßnahme:	Betriebsferien anordnen	Tipp-Nummer **79**

Aufwandskonto:	6200 – Löhne einschließlich ... Zulagen
	6300 – Gehälter und Zulagen

Erläuterungen zur Maßnahme:	Per „Direktionsrecht" kann der Arbeitgeber Betriebsferien vorsehen. In Betrieben mit einem Betriebsrat muss einem derartigen Vorhaben jedoch der Betriebsrat zustimmen. Lt. einem Urteil vom Landesarbeitsgericht Düsseldorf (11 Sa 378/02) müssen individuelle Urlaubswünsche von Arbeitnehmern i.d.R. hinter betrieblichen Belangen zurückstehen. Durch Betriebsferien können saisonale Schwankungen hinsichtlich der Auftragslage optimal ausgeglichen bzw. Urlaubsansprüche gezielt abgebaut werden.

Auswirkung(en):	• effizienter Personaleinsatz
	• Abbau von Urlaubsansprüchen
	• Senkung der Raumnebenkosten in der Zeit der Betriebsferien (Energie)

Notiz(en)/ Bemerkung(en):	

Realisierbar im eigenen Unternehmen?	☐ ja ☐ nein

„Ja, ich möchte die Kosten senken – aber richtig!"

| **Maßnahme:** | Überprüfung der Qualifikation aller Mitarbeiter | Tipp-Nummer **80** |

Aufwandskonto: 6200 – Löhne einschließlich ... Zulagen

6300 – Gehälter und Zulagen

| **Erläuterungen zur Maßnahme:** | Nicht alle Mitarbeiter verfügen über eine ausreichende Qualifikation. Daher besteht die Gefahr, dass sie ihre Tätigkeit nicht effizient ausüben und damit unnötige Kosten verursachen. Nicht nur ein bestimmtes Fachwissen ist erforderlich, sondern auch die Fähigkeit einer strukturierten, geplanten und ordentlichen Arbeitsweise. Jeder Mitarbeiter muss in der Lage sein, allen anstehenden Aufgaben die richtige Priorität zu geben, um ggf. parallelen Aufgaben/Projekten ohne Hektik bestmöglich gerecht zu werden. Aus diesem Grund sollte die Qualifikation aller Mitarbeiter kritisch geprüft werden, um im Bedarfsfall erforderliche Gegenmaßnahmen (z.B. Schulungen, innerbetriebliche Versetzung) einleiten zu können. Natürlich muss der Aspekt der Qualifikation auch schon bei der Stellenbesetzung beachtet werden. |

Auswirkung(en):
- effizienter Personaleinsatz
- Reduzierung der Fehlerquote bzw. verbesserte Qualität in allen Unternehmensbereichen und damit erhöhte Kundenzufriedenheit

Notiz(en)/ Bemerkung(en):

Realisierbar im eigenen Unternehmen?   ☐ ja   ☐ nein

„Ja, ich möchte die Kosten senken – aber richtig!"

		Tipp-Nummer
Maßnahme:	Einsatz der Mitarbeiter entsprechend ihrer Qualifikation	**81**

Aufwandskonto: 6200 – Löhne einschließlich ... Zulagen

6300 – Gehälter und Zulagen

Erläuterungen zur Maßnahme:	Schon bei der Personalauswahl und damit Besetzung einer vakanten Stelle sollte u.a. darauf geachtet werden, welche Qualifikation zur Erledigung der anstehenden Tätigkeiten erforderlich ist. Die Qualifikation des Mitarbeiters bestimmt u.a. auch die Höhe des mtl. Lohnes bzw. Gehaltes. Da i.d.R. mit der Qualifikation auch die Vergütung steigt, ist es zwingend erforderlich, dem höher entlohnten Mitarbeiter auch die verantwortungsvollen Aufgaben zu übertragen. So wäre es unter Kostengesichtspunkten falsch, wenn ein hoch qualifizierter und geeigneter Mitarbeiter bspw. täglich die Post im Haus verteilt oder Pakete packt, weil gerade niemand anders diese Aufgabe wahrnehmen kann. Insbesondere die „Hilfstätigkeiten" sollten von kostengünstigeren Arbeitskräften erledigt werden. Grundsätzlich sollte dennoch jeder Mitarbeiter die Bereitschaft mitbringen, ausnahmsweise auch einmal einfachere Tätigkeiten auszuführen, die gerade dringend notwendig sind.
Auswirkung(en):	<ul><li>Senkung der Personalkosten durch effizienten Personaleinsatz</li><li>höhere Mitarbeitermotivation</li></ul>

Notiz(en)/ Bemerkung(en):

Realisierbar im eigenen Unternehmen?	☐ ja	☐ nein

„Ja, ich möchte die Kosten senken – aber richtig!"

Maßnahme:	Effektive Büroorganisation bzw. Ordnung	**Tipp-Nummer** 82

Aufwandskonto: 6300 – Gehälter und Zulagen

Erläuterungen zur Maßnahme: Auch mit einer effektiven Büroorganisation bzw. durch Ordnung lassen sich Kosten senken. Diese relativ einfache Maßnahme wird leider oft im hektischen Arbeitsalltag unterschätzt. Fakt ist, dass sich Frust, Ärger und Arbeitszeit sparen lassen, wenn ein andauerndes Suchen von Vorgängen unterbleibt bzw. Ordnung am Arbeitsplatz vorliegt. Möglichkeiten, die Arbeitsumgebung effizienter zu gestalten bzw. Ordnung herzustellen, sind:

- Einführung eines einheitlichen Ablagesystems (Hängeregister, Ordner, Aktenpaternoster)
- Verwendung von beschrifteten Ablageboxen auf allen Schreibtischen
- Einsatz eines Mappen-Systems (z.B. zur Widervorlage oder Prioritätensetzung bei mehreren anstehenden Aufgaben)
- strukturierte und einheitliche Ordnerstrukturen auf allen Speichermedien (z.B. Festplatten) im Unternehmen

Auswirkung(en):
- Erhöhung der Arbeitseffektivität und damit Senkung der Personalkosten
- verbesserte Abwesenheitsvertretung (Urlaub, Krankheit) durch andere Kollegen
- Vermeidung von Stresssituationen und somit gesteigerte Motivation des Mitarbeiters

Notiz(en)/ Bemerkung(en):

Realisierbar im eigenen Unternehmen?   ☐ ja   ☐ nein

„Ja, ich möchte die Kosten senken – aber richtig!"

		Tipp-Nummer
Maßnahme:	Beseitigung von unproduktiven Tätigkeiten und Doppelarbeiten	**83**

Aufwandskonto:	6200 – Löhne einschließlich ... Zulagen
	6300 – Gehälter und Zulagen
Erläuterungen zur Maßnahme:	Die Profitabilität des Unternehmens lässt sich auch durch eine kritische Überprüfung sämtlicher Tätigkeiten verbessern. Ziel dieser Analyse ist es, unproduktive Tätigkeiten und Doppelarbeiten in alle Abteilungen aufzuspüren und zu beseitigen. Beispiele für derartige Ressourcenverschwendungen sind: • die Erstellung von redundanten Controlling-Berichten • der Ausdruck und die Ablage von Akten in Papierform, obwohl eine elektronische Archivierung gewährleistet ist • unnötige Vervielfältigung von Dokumenten • unnütze Wege zwischen Mitarbeitern, aufgrund einer hinderlichen räumlichen Bürogestaltung • Wartezeiten, aufgrund von technischen Anlaufzeiten und Überlastungen der Bürogeräte • pauschale „Rund-E-Mails" im ganzen Unternehmen, statt gezielter Empfängerauswahl
Auswirkung(en):	• Senkung der Personal- und Prozesskosten • erhöhte Mitarbeitermotivation
	(Vgl. Schaudwet, 2004, a.a.O., S. 58-61)
Notiz(en)/ Bemerkung(en):	

Realisierbar im eigenen Unternehmen?	☐ ja	☐ nein

„Ja, ich möchte die Kosten senken – aber richtig!"

		Tipp-Nummer
Maßnahme:	Zahlung eines Nichtraucher-Bonus für Mitarbeiter	**84**

Aufwandskonto: 6200 – Löhne einschließlich ... Zulagen

6300 – Gehälter und Zulagen

Erläuterungen zur Maßnahme: Nach wissenschaftlichen Untersuchungen verursachen Raucher erhebliche Kosten im Unternehmen. Eine sinkende Produktivität, höhere Personalkosten, mehr krankheitsbedingte Fehlzeiten bei Rauchern, ein u.U. gestörtes Betriebsklima zwischen Nichtrauchern und Rauchern, erhöhte Reinigungs- und Renovierungskosten sowie ein gestiegenes Risiko für Brandschäden sind Auswirkungen dieses Lasters.
Daher sollte die Zahlung eines Nichtraucher-Bonus (z.B. mtl. 30,- Euro brutto) für alle die Mitarbeiter, die nachweislich nicht rauchen, in Erwägung gezogen werden.

Auswirkung(en):
- Erhöhung der Arbeitseffektivität und damit Minimierung der Personalkosten
- verminderter Krankenstand und Vermeidung daraus resultierender Kosten
- verbessertes Betriebsklima und höhere Motivation
- geringere Raumnebenkosten (Reinigung, Renovierung)

Notiz(en)/ Bemerkung(en):

Realisierbar im eigenen Unternehmen?	☐ ja	☐ nein

„Ja, ich möchte die Kosten senken – aber richtig!"

Löhne/Gehälter 103

| **Maßnahme:** | Steigerung der Mitarbeitermotivation | Tipp-Nummer **85** |

Aufwandskonto: 6200 – Löhne einschließlich ... Zulagen

6300 – Gehälter und Zulagen

Erläuterungen zur Maßnahme: Motivierte Mitarbeiter sind eine der Grundvoraussetzungen für betriebswirtschaftlichen Erfolg. Maßnahmen zur Steigerung der Mitarbeitermotivation können sein:
- die Einführung eines variablen, leistungsabhängigen Gehaltssystems für alle Mitarbeiter (durch quantitative und qualitative Zielvereinbarungen)
- die Gewährung von Anwesenheitsprämien (z.B. Sonderprämie von 250,- € bei max. 3 (Kurz)-Krankheitstagen p.a.)
- die mtl. Bekanntgabe des „Mitarbeiter des Monats"
- fairer, ehrlicher, aufrichtiger Führungsstil (Siehe auch Maßnahme „Richtiger Führungsstil".)
- Schaffung einer ergonomischen, flexiblen, inspirierenden sowie team- und kommunikationsunterstützenden Arbeitsplatzumgebung
- Anbieten von gesundheitsfördernden Maßnahmen (z.B. Organisation einer medizinischen Rückenschule)

Auswirkung(en):
- höhere und bessere Arbeitsleistung der Mitarbeiter
- gesteigertes, unternehmerisches Denken
- Reduzierung von Fehlzeiten, Fluktuation und damit verbundenen Kosten

Notiz(en)/ Bemerkung(en):

| Realisierbar im eigenen Unternehmen? | ☐ ja | ☐ nein |

„Ja, ich möchte die Kosten senken – aber richtig!"

Maßnahme:	Leistungsorientiertes, deckungsbeitrags-bezogenes Vertriebs-Provisionssystem	Tipp-Nummer **86**

Aufwandskonto: 6300 – Gehälter und Zulagen

Erläuterungen zur Maßnahme: Erfolgsabhängige Vertriebsprovisionen dürfen nur dann vergütet werden, wenn ein positiver Deckungsbeitrag erzielt wurde (Deckungsbeitrag = Umsatz – variable Kosten). Provisionssysteme, die ausschließlich auf Umsatz und Absatz ausgerichtet sind, sorgen für eine fatal einseitige Sichtweise und u.U. für überproportionale Kosten, denen oft nicht einmal kostendeckende Erlöse gegenüberstehen. Eine klare Focusierung auf den Deckungsbeitrag, eine Provisionsordnung, die keinerlei subjektive Interpretationsmöglichkeiten zulässt und angemessene Provisionssätze (auf Basis Deckungsbeitrag) kennzeichnen ein leistungsorientiertes Provisionssystem.

Die korrekte Kalkulation und Prüfung der Provisionsansprüche muss immer durch eine unabhängige Stelle im Unternehmen und unter Einsatz eines benutzerfreundlichen, computergestützten Kalkulationstools erfolgen.

Auswirkung(en):
- Begrenzung der Personalkosten, da nur dann Provisionen ausgezahlt werden, wenn auch ein entsprechender Deckungsbeitrag erwirtschaftet wurde
- korrekte, betrugsfreie und schnelle Provisionsabrechnung
- wirkungsvolle Steuerung des Vertriebs: hin zu einer margenorientierten Denkweise
- verbessertes betriebswirtschaftliches Ergebnis

Notiz(en)/ Bemerkung(en):

Realisierbar im eigenen Unternehmen?   ☐ ja   ☐ nein

„Ja, ich möchte die Kosten senken – aber richtig!"

Löhne/Gehälter

Maßnahme:	Postservice ggf. in Anspruch nehmen	Tipp-Nummer **87**

Aufwandskonto: 6300 – Gehälter und Zulagen

Erläuterungen zur Maßnahme:	Tagtäglich wird Post in Papierform empfangen und versendet. I.d.R. zweimal am Tag besucht daher ein Mitarbeiter während der Arbeitszeit einen der verschiedenen Dienstleister, um Einschreiben, Briefe usw. abzuholen bzw. abzugeben. Aufgrund des Zeitbedarfes für diese Tätigkeit fallen für diese Wege Personalkosten und Fahrtkosten an. Ebenso können dabei noch Unfallkosten entstehen. Daher bietet es sich an, ggf. eine Servicedienstleistung in Anspruch zu nehmen, die das regelmäßige Bringen und Abholen der Post zu einem Pauschalpreis übernimmt. In nahezu jedem Fall ist dies die kostengünstigere Alternative. Falls natürlich ein Mitarbeiter in Verbindung mit seinem täglichen Arbeitsweg immer die Post abholt/mitnimmt, so ist dies sogar bei einer minimalen, motivierenden Gehaltsanpassung die günstigste Variante.

Auswirkung(en):	• Minimierung der Personalkosten bzw. Schaffung von Freiräumen für andere Tätigkeiten mit höherer Mehrwertschöpfung • regelmäßiges Bringen und Abholen der Post (bspw. keine krankheitsbedingten Ausfälle/Verzögerungen)

Notiz(en)/ Bemerkung(en):

Realisierbar im eigenen Unternehmen?	☐ ja	☐ nein

„Ja, ich möchte die Kosten senken – aber richtig!"

Maßnahme:	Nachtbelieferung von Außendienstpersonal	Tipp-Nummer **88**

Aufwandskonto: 6300 – Gehälter und Zulagen

Erläuterungen zur Maßnahme:	Die überregionale Nachtbelieferung von Außendienstpersonal (z.B. mit Ersatzteilen) durch einen externen Dienstleister setzt sich immer mehr durch. Dabei erfolgt die Zustellung, vorher abgeholter Paketsendungen oder zentral gelagerter Artikel, über Nacht, an individuellen, im Vorfeld definierten, Übergabepunkten (Fahrzeuge; Räume (z.B. Garage); Abholstellen (z.B. Tankstellen, die 24 Stunden geöffnet haben)). Das Außendienstpersonal muss damit nicht mehr zu ggf. definierten Lageröffnungszeiten ein Lager aufsuchen und kann sich somit voll und ganz auf seine eigentliche Tätigkeit konzentrieren. Kostenintensive Lagerbesuchs- und Anfahrtszeiten werden dadurch vermieden bzw. finden nur in Ausnahmefällen statt. Mittlerweile gibt es auch schon Dienstleister, die mit Hilfe von GSM und GPS ihren Kunden eine lückenlose, transparente Sendungsverfolgung via Internet anbieten. Darüber hinaus sinkt die Quote fehlerhafter Zustellungen signifikant.
Auswirkung(en):	<ul><li>Senkung der Personalkosten</li><li>Produktivitätssteigerung, aufgrund von mehr Einsätzen/Tag</li><li>Lagerbestandsreduzierung und -optimierung</li><li>gesunkene Kfz-Kosten, da Lageranfahrten entfallen</li><li>höhere Kundenzufriedenheit, da aufgrund der Sendungsverfolgung dem Kunden jederzeit qualifizierte Aussagen zu seiner Lieferung gegeben werden können</li><li>schnellste Verfügbarkeit der Artikel</li></ul> *(Vgl. Bosse, 2003, a.a.O., S. 30-33)*
Notiz(en)/ Bemerkung(en):	

Realisierbar im eigenen Unternehmen?	☐ ja ☐ nein

„Ja, ich möchte die Kosten senken – aber richtig!"

Maßnahme:	Application Service Providing (ASP)	Tipp-Nummer 89

Aufwandskonto: 6300 – Gehälter und Zulagen

Erläuterungen zur Maßnahme:	Leistungsfähige Hard- und Software ist mit z.T. erheblichen Kosten verbunden. Eine kostensparende Alternative ist das Anmieten von Hard- und Software über das Internet. Unter der Bezeichnung „Application Service Providing" (ASP) wird diese Dienstleistung angeboten, bei der der Kunde im Rahmen eines Mietvertrages die Hardware und i.d.R. standardisierte Software eines ASP-Anbieter's via Internet nutzen kann. Oft reicht dazu ein einfacher Internet-Browser. Für den Kunden fallen keinerlei Personal- und Betriebskosten im Zusammenhang mit der IT-Systembetreuung an. Der ASP-Anbieter stellt ein komplett funktionsfähiges System zur Verfügung und sorgt auch für geeignete Schutzmaßnahmen hinsichtlich Datensicherheit (z.B. Firewall) und Datenschutz (Zugriffsbeschränkung).

Auswirkung(en):	<ul><li>Senkung der Personal- und Prozesskosten, aufgrund verminderter IT-Systemadministration</li><li>Liquiditätsvorteil, aufgrund niedrigerer Investitionskosten (Miete statt Kauf)</li><li>jederzeit, weltweite Zugriffsmöglichkeit auf die Programme und Daten über das Internet</li><li>Kunde kann sich mehr auf sein Kerngeschäft konzentrieren</li><li>kalkulierbare, transparente Kosten für den Kunden</li></ul> *(Vgl. Arends, 2001, a.a.O., S. 38-39)*
Notiz(en)/ Bemerkung(en):	

Realisierbar im eigenen Unternehmen?	☐ ja	☐ nein

„Ja, ich möchte die Kosten senken – aber richtig!"

| **Maßnahme:** | Business-Warehouse installieren | Tipp-Nummer **90** |

Aufwandskonto: 6300 – Gehälter und Zulagen

| **Erläuterungen zur Maßnahme:** | Durch den Einsatz eines „Business-Warehouse" (BW) werden umfangreiche Daten von mehreren, unterschiedlichen EDV-Anwendungen (Quellsystemen) tagesgenau zusammengefasst und deren Informationen in einheitlichen Auswertungen dargestellt. |

Mit Hilfe eines separaten BW-Servers und einer speziellen Datenbank werden über einen regelmäßigen Daten-Upload die Daten der verschiedenen Quellsysteme zusammengeführt. Das Business-Warehouse beinhaltet dabei ein umfassendes, integriertes Berichtswesen, das jedem Anwender individuell benötigte Auswertungen bzw. Analysen liefern kann.

Es wird eine zeitnahe, professionelle Informationsverwaltung, Kennzahlenanalyse und informationsbasierte Entscheidungsfindung ermöglicht.

Auswirkung(en):
- effizientere Arbeitszeitausnutzung, aufgrund einer geringeren Belastung der einzelnen, heterogenen Quellsysteme und verbesserten Zugriffszeiten
- Informationszugang über einen kostengünstigen Web-Browser
- schnelles, individuell definierbares Auswertungs-Tool, welches ein qualifiziertes Unternehmens-Controlling unterstützt

Notiz(en)/ Bemerkung(en):

Realisierbar im eigenen Unternehmen? ☐ ja ☐ nein

„Ja, ich möchte die Kosten senken – aber richtig!"

Löhne/Gehälter

Maßnahme:	Automatisierte Entgegennahme von telefonischen Anrufen	Tipp-Nummer **91**

Aufwandskonto: 6300 – Gehälter und Zulagen

Erläuterungen zur Maßnahme:	Unternehmen verfügen i.d.R. über eine Telefonzentrale. Der dort tätige Mitarbeiter verbindet oft „manuell" jeden eingehenden Anruf zum gewünschten Gesprächspartner. Heute lässt sich dieser Aufwand durch professionelle Telefonanlagen erheblich senken. Leistungsmerkmale dieser Telefonanlagen sind bspw. die Direktdurchwahlmöglichkeit, eine automatische Tonwahlsteuerung (d.h. per Ziffernwahl kann sich der Anrufer direkt in die jeweilige Abteilung verbinden) und die Spracherkennung und -dialogsteuerung. Dadurch wird die Person an der Zentrale entlastet und kann somit andere Aufgaben wahrnehmen. Zunehmend werden diese Anlagen auch für geeignete, unterstützende Tätigkeiten in der Administration verwendet (z.B. Stromzählerstands-Meldung durch Kundenanruf).

Auswirkung(en):
- Senkung der Personalkosten, aufgrund erhöhter Effizienz
- höhere Kundenzufriedenheit

(Vgl. Moldenhauer, 2003, a.a.O. , S. 40)

Notiz(en)/ Bemerkung(en):

Realisierbar im eigenen Unternehmen?	☐ ja	☐ nein

„Ja, ich möchte die Kosten senken – aber richtig!"

Maßnahme:	Anwendung von Fernsteuerungstechnologien	Tipp-Nummer **92**

Aufwandskonto: 6300 – Gehälter und Zulagen

Erläuterungen zur Maßnahme:	Die Ausführung einiger Tätigkeiten im Unternehmen kann durch den Einsatz von verschiedenen Fernsteuerungstechnologien, auch „Remote-Lösungen" genannt, vereinfacht werden. Durch den gezielten Einsatz der Informationstechnologie entfallen Wege- bzw. Reisezeiten. Eine zeit- und kostensparende Ausführung bestimmter Tätigkeiten aus der Entfernung wird somit ermöglicht. Anwendungsbeispiele sind die Fernwartung von Systemen (z.B. PC's), die Prozessüberwachung von Anlagen und Gebäuden (z.B. Klima-, Lüftungs- und Heizungsanlagen) sowie die Steuerung von Schulungsräumen und den darin vernetzten PC's.
Auswirkung(en):	- effizienter Personaleinsatz, da bspw. Reisezeiten entfallen - Senkung der Reisekosten - höhere Kundenzufriedenheit, da Störungen kurzfristig behoben werden können - Vermeidung bzw. Minimierung von Folgeschäden und möglicher Schadensersatzansprüche, die sich aus Zeitverzögerungen ergeben würden
Notiz(en)/ Bemerkung(en):	

Realisierbar im eigenen Unternehmen?	☐ ja	☐ nein

„Ja, ich möchte die Kosten senken – aber richtig!"

Maßnahme:	Schriftliche, elektronische Bestellannahme	Tipp-Nummer **93**

Aufwandskonto: 6300 – Gehälter und Zulagen

Erläuterungen zur Maßnahme:	Mit einer schriftlichen Bestellannahme lassen sich vielerlei Vorteile erzielen. Schriftliche Bestellannahme heißt, dass keine mündliche Bestellannahme mehr erfolgt bzw. die Kundenbestellung ausschließlich in Papierform (Brief, Fax) oder auf elektronischem Weg (E-Mail, online via Website; mit Unterschrift) übermittelt wird. Zu diesem Zweck sollten eindeutige Bestellformulare an die Kunden verteilt werden bzw. im Internet online abrufbar sein. Dadurch ergibt sich eine Zeit- und damit Personalkostenersparnis, da längere Telefonate entfallen. Ebenso werden Missverständnisse sowie damit verbundene Fehler und zeitintensive Nacharbeiten reduziert. Aufgrund einer vorliegenden schriftlichen Bestellung lassen sich Rechtsstreite schneller klären. U.U. sollte man „unmotivierten" Kunden einen Preisvorteil einräumen, wenn sie ihre Bestellungen online generieren. Bei hochwertigen Wirtschaftsgütern muss natürlich im Vorfeld eine ausreichende Beratung stattfinden.
Auswirkung(en):	<ul><li>Reduzierung der Personalkosten</li><li>problemlose Auftragsannahme rund um die Uhr</li><li>schnellere Auftragsabwicklung</li><li>höhere Kundenzufriedenheit, aufgrund besserer Dienstleistungs- und Lieferqualität</li><li>Vermeidung bzw. zeitnahe Beendigung möglicher Rechtsstreitigkeiten</li></ul>

Notiz(en)/ Bemerkung(en):

Realisierbar im eigenen Unternehmen?	☐ ja	☐ nein

„Ja, ich möchte die Kosten senken – aber richtig!"

Maßnahme:	Zeitgerechte, schnelle, vernetzte EDV und Bürotechnik	**Tipp-Nummer** **94**

Aufwandskonto: 6300 – Gehälter und Zulagen

Erläuterungen zur Maßnahme:	Im Bereich der Bürotechnik wird durch den Einsatz veralteter, langsamer Technik häufig an der falschen Stelle gespart. Moderne Bürotechnik unterstützt das Senken von Personal- und Prozesskosten. Dazu zählen leistungsfähige PC's, Drucker, Kopierer (mit Sorter, Hefter, Locher), Faxgeräte, Kuvertier-, Frankiermaschinen usw. . Durch diese Geräte, die z.T. oft über ein Netzwerk gemeinsam nutzbar sind, wird schnell und zuverlässig der Mitarbeiter bei der Ausführung seiner Aufgaben unterstützt. Trotz der Möglichkeit zur unternehmensweiten Vernetzung der Geräte, sollte dennoch u.U. über die Anschaffung lokaler Geräte (z.B. Drucker) nachgedacht werden, um unnötige Wege- und Wartezeiten zu verhindern. Natürlich ist möglichst auch marktübliche, aktuelle Software einzusetzen, die keinen oder nur wenig Schulungsbedarf bei den Mitarbeitern erfordert.
Auswirkung(en):	• Senkung der Personal- und Prozesskosten, aufgrund der Zeitersparnis durch den Einsatz neuer Bürotechnik und u.U. der Automatisierung bisher manueller Tätigkeiten • Kostenersparnis, aufgrund einer geringeren Störanfälligkeit neuer Geräte (weniger Reparaturkosten, weniger Ausfallzeiten); weniger reparaturbedingte Terminverzögerungen • Reduzierung der Energiekosten, da neue Geräte oft weniger Energie verbrauchen • Minimierung der Schulungskosten
Notiz(en)/ Bemerkung(en):	

Realisierbar im eigenen Unternehmen?   ☐ ja   ☐ nein

„Ja, ich möchte die Kosten senken – aber richtig!"

Maßnahme:	Sinnvoller und produktiver Einsatz der vorhandenen EDV	Tipp-Nummer **95**

Aufwandskonto: 6300 – Gehälter und Zulagen

Erläuterungen zur Maßnahme: Die EDV hat mittlerweile in fast jedem Unternehmen Einzug gehalten. Leider muss beobachtet werden, dass die Funktionalität der einzelnen Programme häufig als „Belastung" und nicht als Arbeitserleichterung gesehen wird. Dadurch wird enorm viel Arbeitszeit verschwendet. So nutzen bspw. viele Mitarbeiter vorhandene Tabellenkalkulationsprogramme zu selten bzw. gar nicht. Anstelle dessen führen sie immer wieder „manuell" mit Block, Bleistift und Taschenrechner wiederkehrende Berechnungen aus. Neben dem hohen Zeitaufwand ist dabei das Fehlerrisiko auch höher. Aus diesem Grund ist ein permanenter Einsatz der vorhandenen Ressourcen dringend zu empfehlen. Neben einer Anwenderschulung zur eingesetzten Software, sollten den Mitarbeitern auch die Anwendungsvorteile für ihre tagtägliche Arbeit näher gebracht werden.

Auswirkung(en):
- effizienter Personaleinsatz
- höhere Arbeitsqualität

Notiz(en)/ Bemerkung(en):

Realisierbar im eigenen Unternehmen? ☐ ja ☐ nein

„Ja, ich möchte die Kosten senken – aber richtig!"

| Maßnahme: | Schutz vor E-Mail-Spam | Tipp-Nummer **96** |

Aufwandskonto: 6300 – Gehälter und Zulagen

Erläuterungen zur Maßnahme:	Unerwünschte Werbemails, auch „Spam" genannt, sorgen in immer mehr Unternehmen für erhebliche Schäden – Tendenz zunehmend. Vor allem steigende Verwaltungskosten und sinkende Mitarbeiterproduktivität werden durch diese Werbemails verursacht. Um diese Schäden bzw. Kosten zu unterbinden, bieten sich folgende Maßnahmen an: • vorsichtiges Nutzungsverhalten, d.h. sofortiges, ungeöffnetes Löschen von E-Mails mit „verdächtigen" Betreff-Zeilen; Arbeiten mit weiteren Alias-E-Mail-Adressen (Herausgabe der Haupt-E-Mail-Adresse nur an vertraute Personen); kein Anklicken von Links und Dateianhängen in Spam-Mails • Aktivierung des Spam-Filters im eigenen E-Mail-Programm • Einsatz von Anti-Spam-Software (u.U. Freeware) • Verschlüsselung der E-Mail-Adressangaben auf der eigenen Website, damit Suchroboter die „Mail-To"-Tags nicht aufspüren können und so E-Mail-Adressen ermittelt werden
Auswirkung(en):	• Senkung der Personal- und Prozesskosten • gestiegene Mitarbeiterproduktivität und -motivation • Entlastung des EDV-Netzwerkes

(Vgl. Geiger, 2005, a.a.O., S. 1-6)

Notiz(en)/ Bemerkung(en):

| Realisierbar im eigenen Unternehmen? | ☐ ja ☐ nein |

„Ja, ich möchte die Kosten senken – aber richtig!"

Maßnahme:	Electronic Banking	Tipp-Nummer **97**

Aufwandskonto: 6300 – Gehälter und Zulagen

Erläuterungen zur Maßnahme:	Mit Hilfe von Electronic Banking können „online" die aktuellen Kontostände und die dazugehörigen Kontobewegungen auf den Unternehmenskonten schnell abgefragt werden. Darüber hinaus lässt sich der bargeldlose Zahlungsverkehr mit Banken schnell und zuverlässig erledigen. Anstelle manueller Überweisungsträger oder Lastschriftvordrucke wird auf elektronischem Weg die Zahlung bzw. der Bankeinzug übermittelt oder veranlasst. Ebenso verhält es sich mit den Kontoauszügen, die automatisch in das bestehende Buchhaltungssystem eingespielt und darin weiterverarbeitet werden können (automatischer Ausgleich der betragsgleichen offenen Posten, wenn Kundennummer und Rechnungsnummer angegeben wurden).

Auswirkung(en):	<ul><li>Senkung der Personal- und Prozesskosten</li><li>Senkung der Fehlerquote</li><li>häufig auch Reduzierung der Bankgebühren, da auch die Bank davon profitiert (niedrigere Buchungspostenpreise)</li></ul>

Notiz(en)/ Bemerkung(en):

Realisierbar im eigenen Unternehmen?	☐ ja	☐ nein

„Ja, ich möchte die Kosten senken – aber richtig!"

Maßnahme:	Elektronische Reisekostenabrechnung	Tipp-Nummer **98**

Aufwandskonto: 6300 – Gehälter und Zulagen

Erläuterungen zur Maßnahme:	Reisekostenabrechnungen sind aufgrund ihrer Komplexität für viele Mitarbeiter ein Ärgernis. Hinzu kommen der große Zeitaufwand und eine hohe Fehlerquote, da die Vielzahl der Reisekostenabrechnungen oft noch manuell erfolgt. Deutliche Kosteneinsparungen lassen sich jedoch durch den Einsatz einer Reisekostensoftware oder einer webbasierten Internetlösung „papierlos" realisieren. Diese elektronischen Lösungen enthalten die aktuellen Pauschalen, Umsatzsteuersätze usw. und ermitteln fehlerfrei anhand der Reisezeit den richtigen Tagessatz. Integrierte Routenplaner, Schnittstellen u.a. zu Buchhaltungs- und Personalabrechnungssystemen, diverse Auswertungsmöglichkeiten und eine E-Mail-Anbindung sind dabei weitere Leistungsmerkmale einer derartigen Softwarelösung.

Auswirkung(en):	<ul><li>Senkung der Personalkosten, aufgrund der Zeitersparnis</li><li>Reduzierung der Fehlerkorrekturquote</li><li>Entlastung der Mitarbeiter von dieser zeitintensiven Tätigkeit, die dadurch mehr Zeit für den eigentlichen Job haben</li><li>diese einfache, zeitnahe, periodengerechte Abrechnung sowie Reisekostenrückerstattung reduziert auch die Häufigkeit von aufwendigen, kostenverursachenden „Barvorschüssen"</li><li>bessere Kostenanalyse *(Vgl. Weiland, 1999, a.a.O., S. 113-118)*</li></ul>
Notiz(en)/ Bemerkung(en):	

Realisierbar im eigenen Unternehmen?	☐ ja	☐ nein

„Ja, ich möchte die Kosten senken – aber richtig!"

Löhne/Gehälter

Maßnahme:	Einführung von E-Commerce	Tipp-Nummer 99

Aufwandskonto: 6300 – Gehälter und Zulagen

Erläuterungen zur Maßnahme:	Der Vertrieb von Produkten über das Internet hat in den letzten Jahren stark zugenommen. Dieser Vertriebskanal lässt sich mittlerweile mit einem geringen finanziellen Aufwand realisieren und reduziert kostenintensive Kundenbesuche. Die Umsetzung kann dabei je nach Wunsch über günstige, relativ einfache, gemietete Webshops (von Providern) oder über professionelle Einzellösungen von spezialisierten Shopsystem-Anbietern erfolgen. Ein „Shop" ist dabei eine Web-Site, die der Vermarktung von Waren und/oder Dienstleistungen dienen soll. Je nach Funktionalität des Shops werden auch die bestehenden Backend-Systeme, wie Warenwirtschafts- und Buchhaltungssystem, integriert. Fakt ist, dass sich derartige Investitionen auch für kleinere und mittlere Unternehmen lohnen.
Auswirkung(en):	<ul><li>zur Erreichung der bisherigen Umsätze wird weniger Außendienst/Vertriebspersonal benötigt, wodurch die Personalkosten sinken</li><li>aufgrund niedrigerer Kosten, können die Produkte zu wettbewerbsfähigeren Preisen angeboten werden</li><li>oft können auch Mehrumsätze generiert werden, da über das Internet die Kunden weltweit akquiriert werden</li><li>durch die Integration bestehender Backend-Systeme lassen sich auch die Prozesskosten reduzieren</li></ul>
Notiz(en)/ Bemerkung(en):	

Realisierbar im eigenen Unternehmen?	☐ ja ☐ nein

„Ja, ich möchte die Kosten senken – aber richtig!"

Maßnahme:	Einsatz von verschiedenen Informations-management-Systemen	Tipp-Nummer 100

Aufwandskonto: 6300 – Gehälter und Zulagen

Erläuterungen zur Maßnahme:	Durch den gezielten Einsatz von Informationsmanagement-Systemen, bestehend aus diversen Soft- und Hardware-Komponenten, werden standardisierte Aufgaben bzw. Arbeitsabläufe effizienter gestaltet. Diese Optimierung der Geschäftsprozesse kann durch verschiedene Ansätze bzw. Systeme erfolgen, die häufig in Kombination miteinander im Unternehmen implementiert werden. Zu den einzelnen Ausprägungen zählen bspw.: • Dokumentenmanagementsysteme • Archivierungs-Systeme • Elektronische Signatur • Workflow-Systeme • Wissensmanagement-System (Siehe auch Maßnahme „Elektronische Archivierung".)
Auswirkung(en):	• Senkung der Personal- und Prozesskosten • Reduzierung der Fehlerquote bzw. verbesserte Bearbeitungsqualität • Verbesserung des Informationsflusses
Notiz(en)/ Bemerkung(en):	

Realisierbar im eigenen Unternehmen?	☐ ja	☐ nein

„Ja, ich möchte die Kosten senken – aber richtig!"

Löhne/Gehälter

Maßnahme:	Elektronische Archivierung	Tipp-Nummer **101**

Aufwandskonto: 6300 – Gehälter und Zulagen

Erläuterungen zur Maßnahme:	Die Informationsflut und die langen, rechtlich vorgeschriebenen Aufbewahrungsfristen von Geschäftsunterlagen lassen das Papieraufkommen in jedem Unternehmen dramatisch ansteigen. Neben einem enormen Platzbedarf für die Aufbewahrung dieser Dokumente, steigt auch der Suchaufwand einzelner Schriftstücke im Bedarfsfall. Ein Lösungsansatz dafür ist ein elektronisches Archivierungssystem, idealerweise eingebunden in ein elektronisches Dokumentenmanagementsystem. Dabei werden alle gewünschten Dokumente eingescannt und in Dateien abgespeichert. Der Aufwand für die elektronische Archivierung bereits vorhandener „Papierarchive" ist zwar recht hoch, jedoch sollte sich dieser nach kurzer Zeit wieder amortisiert haben, da in der Folge alle Informationen schnell zur Verfügung stehen und genutzt werden können. Darüber hinaus können die archivierten Informationen mgl. Entscheidungsprozesse unterstützen.
Auswirkung(en):	- Senkung der Personalkosten, aufgrund verkürzter Such- und Zugriffszeiten - weniger Raumkosten, aufgrund der Platzeinsparung - fehlerfreie, revisionssichere Archivierung entsprechend den GoB und der gesetzlichen Aufbewahrungspflichten - über ein wohl überlegtes Berechtigungskonzept kann der Zugriff und mgl. Missbrauch eingeschränkt werden - wertvoller Informationspool zur Entscheidungsfindung *(Vgl. Hartmann, 2001, a.a.O., S. 12-13)*
Notiz(en)/ Bemerkung(en):	

Realisierbar im eigenen Unternehmen?	☐ ja ☐ nein

„Ja, ich möchte die Kosten senken – aber richtig!"

Maßnahme:	Eingeschränkter Internet-Zugriff	Tipp-Nummer **102**

Aufwandskonto: 6300 – Gehälter und Zulagen

Erläuterungen zur Maßnahme:	Um privates Surfen der Mitarbeiter während der Arbeitszeit zu unterbinden, sollte u.U. darüber nachgedacht werden, den Internet-Zugriff für ausgewählte Seiten (z.B. Online-Versandhäuser) einzuschränken. Neben einem generellen, arbeitsrechtlichen Verbot, den Internet-Zugang für private Zwecke zu nutzen, gibt es verschiedene, technische Möglichkeiten, den Zugang zu bestimmten Seiten zu unterbinden: • gezielte Einstellung des, auf jedem PC installierten, Web-Browsers • Sicherstellung einer Zugangssperre über einen Proxy-Server • Installation eines „Content-Security-Programms", welches den Datenverkehr von und zum Internet filtert
Auswirkung(en):	• Erhöhung der Produktivität bzw. Senkung der Personalkosten, da die Arbeitszeit effektiver genutzt wird • Senkung der laufenden Internet-Nutzungskosten (falls keine Flate-Rate vereinbart wurde) • Reduzierung der Netzbelastung • Eindämmung der Spam-Flut (unerwünschte Werbe-Mails)
Notiz(en)/ Bemerkung(en):	

Realisierbar im eigenen Unternehmen?	☐ ja	☐ nein

„Ja, ich möchte die Kosten senken – aber richtig!"

Löhne/Gehälter

Maßnahme:	Gewährleistung von Datenschutz und Datensicherheit	Tipp-Nummer 103

Aufwandskonto: 6300 – Gehälter und Zulagen

Erläuterungen zur Maßnahme: Mit dem zunehmenden Computereinsatz werden zwangsläufig immer mehr Daten elektronisch gespeichert. Diese Datenbestände können durch Viren, Spyware, Hacker, Mitarbeiter-Sabotagen, System- und Anwendungsfehler, Diebstahl, Wandalismus, Naturkatastrophen usw. manipuliert, missbraucht oder vernichtet werden und somit die Existenz eines Unternehmens bedrohen. Zur Vorbeugung sollte daher neben regelmäßigen, automatischen Datensicherungen (incl. sicherer Aufbewahrung der Datenträger (z.B. Bankschließfach)) ein durchdachtes EDV-Berechtigungskonzept für alle Anwender zum Einsatz kommen. Auch sollten unbedingt sog. Firewalls, aktuelle Virenschutzprogramme, Anti-Spyware-Software eingesetzt werden, um ärgerliche Schäden und somit Kosten zur zeitaufwendigen Schadensbehebung zu verhindern.

Auswirkung(en):
- verbesserte Leistungsfähigkeit der EDV im Unternehmen
- Verhinderung von Personalkosten, die durch den unnötigen Zeitaufwand zur Wiederherstellung des Ursprungszustandes (soweit überhaupt möglich) erforderlich werden
- Vermeidung von totalem Datenverlust und möglicher Existenzbedrohung
- kein Missbrauch der Daten bzw. Informationen

(Vgl. Schenk, 2004, a.a.O. , S. 54-55)

Notiz(en)/ Bemerkung(en):

Realisierbar im eigenen Unternehmen?	☐ ja	☐ nein

„Ja, ich möchte die Kosten senken – aber richtig!"

Maßnahme:	Sammelrechnungen von Lieferanten	Tipp-Nummer
		104

Aufwandskonto: 6300 – Gehälter und Zulagen

Erläuterungen zur Maßnahme:	Mit der Bearbeitung von Lieferantenrechnungen sind Prozesskosten verbunden. So ist für jede einzelne Rechnung eine Posteingangsbearbeitung, eine Rechnungseingangsprüfung, die Belegverbuchung in der Kreditorenbuchhaltung, ein Zahlungsvorgang zum Rechnungsausgleich und die Belegablage erforderlich. Um diesen Aufwand zu minimieren, empfiehlt es sich, dass alle Lieferanten, die monatlich mehrere Rechnungen stellen, um Zusendung von einer „Sammelrechnung" pro Monat gebeten werden. Neben der Senkung der Prozesskosten wird so z.T. auch eine Verlängerung des eigenen Zahlungsziels bewirkt.
Auswirkung(en):	- Senkung der Personal- und Prozesskosten - verlängertes Zahlungsziel und damit erhöhte Liquidität
Notiz(en)/ Bemerkung(en):	

Realisierbar im eigenen Unternehmen?	☐ ja	☐ nein

„Ja, ich möchte die Kosten senken – aber richtig!"

Maßnahme:	Reduzierung der freiwilligen, sonstigen Sozialleistungen	Tipp-Nummer **105**

Aufwandskonto: 6330 – Freiwillige Zuwendungen

Erläuterungen zur Maßnahme: In vielen Unternehmen werden den Mitarbeitern eine Vielzahl von freiwilligen, sozialen Leistungen gewährt. Dadurch sollen die Mitarbeiter motiviert werden.

In Zeiten immer stärker werdenden Kostendrucks, müssen jedoch auch diese zusätzlichen Leistungen kritisch geprüft werden. Maßnahmen könnten sein:

- keine/weniger Freigetränke (keine Mehrfachauswahl)
- Kantinenzuschuss abschaffen
- Jubiläumszahlungen reduzieren bzw. einstellen
- keine Gelegenheitsgeschenke für Mitarbeiter
- keine außerplanmäßigen Prämien
- gekürztes oder kein Weihnachtsgeld/Urlaubsgeld (nur im „Notfall", aufgrund der demotivierenden Wirkung)

Auswirkung(en):
- Senkung der Personalkosten

Notiz(en)/ Bemerkung(en):

Realisierbar im eigenen Unternehmen?   ☐ ja   ☐ nein

„Ja, ich möchte die Kosten senken – aber richtig!"

Maßnahme:	Preiswertere und weniger Incentivereisen	Tipp-Nummer 106

Aufwandskonto: 6350 – Sachbezüge

Erläuterungen zur Maßnahme:	Mit Hilfe von „Incentivereisen" sollen Mitarbeiter bei Erreichung eines vorgegebenen Zieles belohnt werden. Alle Kosten (incl. Versteuerung) im Zusammenhang mit derartigen Reisen übernimmt i.d.R. der Arbeitgeber. Diese Möglichkeit der Mitarbeitermotivation ist durchaus ein sinnvoller Anreiz die Mitarbeiter zu Höchstleistungen anzuspornen. Jedoch sollte die Auswahl der Reise auch unter Kostengesichtspunkten geschehen. Es muss nicht immer ein Fernreiseziel in einem Luxushotel sein. Häufig kann man auch mit einfacheren Reisen nahezu die gleiche Wirkung erreichen. Hinzu kommt, dass auf Basis des Reisepreises noch Lohnsteuer und Sozialabgaben zu zahlen sind. In Zeiten schlechter Betriebsergebnisse sollten keinerlei Incentivereisen stattfinden.
Auswirkung(en):	• Senkung der Kosten für Incentivereisen • Reduzierung der Personalkosten
Notiz(en)/ Bemerkung(en):	

Realisierbar im eigenen Unternehmen?	☐ ja	☐ nein

„Ja, ich möchte die Kosten senken – aber richtig!"

2.5 Soziale Abgaben und Aufwendungen für Altersversorgung und Unterstützung

In dieser Kontengruppe werden die folgenden Kostenarten verbucht:

Kontengruppe 64

Kontonummer	Bezeichnung
6400	Arbeitgeberanteil zur Sozialversicherung (Löhne)
6410	Arbeitgeberanteil zur Sozialversicherung (Gehälter)
6420	Beiträge zur Berufsgenossenschaft
6440	Aufwendungen für Altersversorgung
6490	Aufwendungen für Unterstützungen
6495	Sonstige soziale Aufwendungen

(Vgl. Schmolke/Deitermann, 2002, a.a.O. , Anhang)

Grundsätzlich ist eine Reduzierung aller dieser Kosten anzustreben. Die folgenden Maßnahmen zur Senkung dieser Kosten sind jedoch besonders hervorzuheben.

„Ja, ich möchte die Kosten senken – aber richtig!"

		Tipp-Nummer
Maßnahme:	Ausnutzung steuerfreier bzw. steuerbegünstigter Gehaltsextras	**107**

Aufwandskonto: 6400/6410 – Arbeitgeberanteil zur Sozialversicherung

Erläuterungen zur Maßnahme: Statt einer „normalen" Gehaltserhöhung kann man dem Mitarbeiter (neben/anstelle der Maßnahme „Firmenwagen statt Gehaltserhöhung") auch steuerfreie bzw. steuerbegünstigte Gehaltsextras zu kommen lassen. Viele Sonderleistungen des Arbeitgebers, wie z.B. die unentgeltliche Nutzung von betrieblichen Computern im privaten Wohnbereich, Fahrtkosten-, Kindergartenzuschuss, Warengutscheine bis mtl. 44,- € (ohne mengen- und betragsmäßigen Angaben) sowie Direktversicherung und Zukunftssicherungsleistungen zwecks betrieblicher Altersvorsorge (Pensionskasse, -fonds) werden steuerlich gefördert. Dadurch sparen sich Arbeitnehmer und Arbeitgeber Sozialabgaben. Zu beachten ist, dass derartige steuerbegünstigte Zuwendungen häufig nur im Rahmen einer bevorstehenden Gehaltserhöhung vereinbart werden dürfen. Es ist nur z.T. möglich, bestehende Gehälter/Löhne in andere Zuwendungen umzuwandeln (z.B. Direktversicherung).

Auswirkung(en):
- Senkung der Sozialabgaben
- höhere Mitarbeitermotivation

Notiz(en)/ Bemerkung(en):

Realisierbar im eigenen Unternehmen?   ☐ ja   ☐ nein

„Ja, ich möchte die Kosten senken – aber richtig!"

Maßnahme:	Firmenwagen statt Gehaltserhöhung	Tipp-Nummer 108

Aufwandskonto: 6400/6410 – Arbeitgeberanteil zur Sozialversicherung

Erläuterungen zur Maßnahme: Eine hohe Steuerlast und steigende Beiträge zur Sozialversicherung beeinträchtigen die Freude über jede Gehaltserhöhung, da von der eigentlichen Erhöhung des Gehaltes netto nicht viel übrig bleibt. Statt dessen bietet es sich an, dem Mitarbeiter einen Firmenwagen, der auch (begrenzt) privat genutzt werden kann, zur Verfügung zu stellen. Grund dafür ist, dass bei einem Firmenwagen nur der vergleichsweise niedrige „geldwerte Vorteil" von Sozialabgaben belastet wird. Dadurch spart sich der Arbeitgeber einen Teil der hohen Lohnnebenkosten und der Arbeitnehmer erhält effektiv ein höheres Netto-Einkommen, als bei einer gleichwertigen Gehaltserhöhung. (Siehe auch Maßnahme „Ausnutzung steuerfreier bzw. steuerbegünstigter Gehaltsextras".)

Auswirkung(en):
- Senkung der Sozialabgaben
- erhöhte Mitarbeitermotivation und damit u.U. auch längere Betriebszugehörigkeit
- falls der Mitarbeiter mit diesem Fahrzeug auch Dienstreisen ausführt, so entfallen auch Kosten, die bspw. durch das Anmieten eines Fahrzeuges entstehen würden und i.d.R. höher sind, als die Betriebskosten (pro km) für das vorhandene Firmenfahrzeug

Notiz(en)/ Bemerkung(en):

Realisierbar im eigenen Unternehmen?	☐ ja	☐ nein

„Ja, ich möchte die Kosten senken – aber richtig!"

Maßnahme:	Überprüfung der Arbeitnehmer-Firmenwagenversteuerung	Tipp-Nummer **109**

Aufwandskonto: 6400/6410 – Arbeitgeberanteil zur Sozialversicherung

Erläuterungen zur Maßnahme: Arbeitnehmer, die einen Firmenwagen für reine Privatfahrten und für Fahrten zwischen Wohnung und Arbeitsstätte nutzen, müssen neben der 1% Methode (1% vom Bruttolistenpreise des Pkws) auch noch 0,03% des Bruttolistenpreises für jeden Einfach-Kilometer zwischen Wohnung und Arbeitsstätte als geldwerten Vorteil versteuern. Dieser geldwerte Vorteil ist steuer- und sozialversicherungspflichtig. Damit beeinflusst die Entfernung des Arbeitsweges auch die Sozialabgaben des Arbeitgebers.

Aus diesem Grund sollte in regelmäßigen Abständen eine Überprüfung des kürzesten Arbeitsweges für jeden einzelnen Mitarbeiter stattfinden, um nicht ungerechtfertigt große Entfernungen fälschlicherweise zu versteuern. Grundsätzlich gilt: Je kürzer der Arbeitsweg, desto besser für Arbeitnehmer und Arbeitgeber.

Auswirkung(en):
- Senkung der Sozialabgaben

Notiz(en)/ Bemerkung(en):

Realisierbar im eigenen Unternehmen?   ☐ ja   ☐ nein

„Ja, ich möchte die Kosten senken – aber richtig!"

Maßnahme:	Krankenkassenwechsel den Mitarbeitern empfehlen	Tipp-Nummer **110**
Aufwandskonto:	6400/6410 – Arbeitgeberanteil zur Sozialversicherung	
Erläuterungen zur Maßnahme:	An den Arbeitnehmer-Beiträgen zur Sozialversicherung beteiligt sich bekanntlich auch der Arbeitgeber. Lt. einem Urteil vom 29.06.2001 (LG Dresden 41 O 34/01) dürfen Arbeitgeber ihren Beschäftigten den Wechsel zu einer kostengünstigeren Krankenkasse empfehlen. Nach Meinung dieses Landgerichtes stellt ein Schreiben des Arbeitgebers an den Arbeitnehmer, in welchem die Kostenersparnis kalkuliert, gleichzeitig auf eine freiwillige Wechseloption verwiesen sowie die Bedeutung der Lohnnebenkosten für den Unternehmenserfolg dargelegt wird, keine unzulässige Wettbewerbshandlung dar. Danach ist bei diesem Preisvergleich keine unzulässige Handlung zu sehen, soweit seitens des Arbeitgebers kein unerlaubter Druck auf die Mitarbeiter ausgeübt wird.	
Auswirkung(en):	<ul><li>Senkung der Lohnnebenkosten, sowohl auf Arbeitgeber- als auch Arbeitnehmer-Seite</li><li>erhöhte Wettbewerbsfähigkeit beim Arbeitgeber, aufgrund der niedrigeren Lohnnebenkosten</li><li>Motivationssteigerung beim Mitarbeiter, da sein Nettolohn steigt</li></ul>	
	(Vgl. Redaktion "Arbeit und Arbeitsrecht", 2001, a.a.O.)	
Notiz(en)/ Bemerkung(en):		

Realisierbar im eigenen Unternehmen?	☐ ja	☐ nein

„Ja, ich möchte die Kosten senken – aber richtig!"

Maßnahme:	Richtige Meldung an die zuständige Berufsgenossenschaft	Tipp-Nummer 111

Aufwandskonto: 6420 – Beiträge zur Berufsgenossenschaft

Erläuterungen zur Maßnahme:	Jedes Unternehmen muss für alle Mitarbeiter Beiträge an eine Berufsgenossenschaft überweisen. Diese Beiträge zur gesetzlichen Unfallversicherung zahlt allein der Arbeitgeber. Die Höhe des Beitrages wird anhand von einem Beitragsfuß, einem nach Risikoklassen unterteilten Gefahrentarif und der Summe der Arbeitsentgelte aller Versicherten bemessen. Eine Einstufung in den falschen Gefahrentarif, der das statistische Unfallrisiko des einzelnen Gewerbezweiges widerspiegelt, ist dabei oft die Ursache für zu hohe Beitragszahlungen. Um dies zu vermeiden, ist eine genaue Meldung der jeweils aktuellen Tätigkeitsschwerpunkte der versicherten Personen zu empfehlen. Veränderungen, die sich im Laufe der Zeit ergeben, sollten unbedingt der Berufsgenossenschaft mitgeteilt werden, um die Beitragslast zu minimieren.
Auswirkung(en):	• Minimierung der Beiträge zur Berufsgenossenschaft
Notiz(en)/ Bemerkung(en):	

Realisierbar im eigenen Unternehmen?	☐ ja	☐ nein

„Ja, ich möchte die Kosten senken – aber richtig!"

Soziale Abgaben und Aufwendungen für Altersvorsorge und Unterstützung

		Tipp-Nummer
Maßnahme:	Betriebliche Altersvorsorge für Arbeitnehmer einschränken	**112**
Aufwandskonto:	6440 – Aufwendungen für Altersversorgung	

Erläuterungen zur Maßnahme: Unter Kostengesichtspunkten sollte auch eine Einschränkung einer ggf. vom Arbeitgeber finanzierten Altersvorsorge für die Arbeitnehmer in Betracht gezogen werden.
Die Änderungsmöglichkeiten hinsichtlich einer bestehenden Versorgungszusage sind jedoch sehr eng. Einmal zugesagte Renten dürfen nicht ohne weiteres gestrichen werden, denn diese erworbenen Ansprüche sind nahezu unantastbar. Einschränkungen bei bereits Beschäftigten sind nur unter bestimmten wirtschaftlichen Bedingungen bei künftig zu erwerbenden Leistungen möglich. Eine einfache Möglichkeit ist hingegen, die bisher übliche Leistung gegenüber neu einzustellenden Mitarbeitern ganz zu versagen bzw. zu kürzen.

Auswirkung(en):
- Senkung der Kosten zur betrieblichen Altersvorsorge für Arbeitnehmer

(Vgl. Horn, 2004, a.a.O., S. 112-113)

Notiz(en)/ Bemerkung(en):

Realisierbar im eigenen Unternehmen?	☐ ja	☐ nein

„Ja, ich möchte die Kosten senken – aber richtig!"

2.6 Abschreibungen

In dieser Kontengruppe werden die folgenden Kostenarten verbucht:

Kontengruppe 65

Kontonummer	Bezeichnung
6510	Abschreibungen auf immaterielle Vermögensgegenstände des Anlagevermögens
6520	Abschreibungen auf Sachanlagen
6540	Abschreibungen auf geringwertige Wirtschaftsgüter (GWG)
6550	Außerplanmäßige Abschreibungen auf Sachanlagen
6570	Unüblich hohe Abschreibungen auf Umlaufvermögen

(Vgl. Schmolke/Deitermann, 2002, a.a.O. , Anhang)

Grundsätzlich ist eine Reduzierung aller dieser Kosten anzustreben. Die folgenden Maßnahmen zur Senkung dieser Kosten sind jedoch besonders hervorzuheben.

„Ja, ich möchte die Kosten senken – aber richtig!"

Maßnahme:	Abbau des Anlagevermögens	Tipp-Nummer
		113

Aufwandskonto: 6520 – Abschreibungen auf Sachanlagen

Erläuterungen zur Maßnahme: Um Kosten zu senken, bietet sich u.U. auch der Verkauf von Anlagevermögen (z.B. Fahrzeuge, Maschinen) an, wenn diese Wirtschaftsgüter nicht mehr benötigt werden und dadurch die Geschäftstätigkeit nicht negativ beeinträchtigt wird. Dadurch lassen sich Abschreibungskosten reduzieren und die Liquidität erhöhen.

Auswirkung(en):
- Senkung der Abschreibungskosten
- erhöhte Liquidität und somit ggf. niedrigerer Fremdkapitalbedarf

Notiz(en)/ Bemerkung(en):

Realisierbar im eigenen Unternehmen? ☐ ja ☐ nein

„Ja, ich möchte die Kosten senken – aber richtig!"

Maßnahme:	Einsatz von gebrauchten Wirtschaftsgütern	Tipp-Nummer **114**

Aufwandskonto:	6510 – Abschreibungen auf immaterielle Verm. ...
	6520 – Abschreibungen auf Sachanlagen

Erläuterungen zur Maßnahme:	Die Finanzierung von neuwertigen, materiellen (z.B. Schreibtischen, Firmenfahrzeugen, Maschinen) und immateriellen (z.B. Software) Wirtschaftsgütern ist oft mit erheblichen Kosten verbunden. Um diese Anschaffungskosten zu minimieren, sollte u.U. auch an eine Anschaffung bzw. ein Einsatz von gebrauchten Wirtschaftsgütern gedacht werden. Egal ob Fremd- oder Eigenfinanzierung, gerade in Zeiten knapper Budgets ist dies eine sinnvolle, kostensparende Alternative, wenn durch diese gebrauchten Systeme (nahezu) der gleiche Nutzen erbracht wird. Mögliche Beschaffungswege sind dabei bspw. Online-Auktionen und Marktplätze im Internet sowie entsprechende Rubriken in Fachzeitschriften.

Auswirkung(en):	• Senkung der Finanzierungskosten (Abschreibung oder laufende Miet-/Leasing-Aufwendungen) • erhöhte Liquidität und somit ggf. niedrigerer Fremdkapitalbedarf

Notiz(en)/ Bemerkung(en):	

Realisierbar im eigenen Unternehmen?	☐ ja ☐ nein

„Ja, ich möchte die Kosten senken – aber richtig!"

Maßnahme:	Bedarfsgerechte Einrichtung des Betriebsgebäudes	Tipp-Nummer 115

Aufwandskonto: 6520 – Abschreibungen auf Sachanlagen

Erläuterungen zur Maßnahme:	Die Einrichtung des Betriebsgebäudes sollte zweckmäßig sein. Luxuriöse Büropaläste und unpraktische Lagerhallen verursachen unnötige Kosten. Vielmehr sollten Betriebsgebäude unter dem Aspekt einer flexiblen und kostensparenden, aber dennoch repräsentativen Raumplanung und einer ergonomischen Arbeitsplatzgestaltung ausgewählt und eingerichtet werden. Die Kommunikation, Zusammenarbeit, Kreativität und Konzentrationsmöglichkeit der Mitarbeiter muss ebenfalls unterstützt werden. Darüber hinaus ist vor der Anschaffung der Betriebs- und Geschäftsausstattung auch eine genaue, arbeitsplatzbezogene Bedarfsanalyse zu empfehlen. Damit soll erreicht werden, dass bspw. die Mitarbeiter, die ganztägig vor einem Monitor arbeiten, den passenden Monitor erhalten und die Entscheidung nicht nur von der jeweiligen Hierarchieebene abhängig gemacht wird.

Auswirkung(en):
- Senkung der Finanzierungskosten (Abschreibung oder laufende Miet-/Leasing-Aufwendungen)
- erhöhte Liquidität
- Verbesserung der innerbetrieblichen Zusammenarbeit, Kommunikation, Konzentration und Kreativität
- ergonomische Arbeitsplätze unterstützen die Gesundheit und das Wohlbefinden der Mitarbeiter (weniger krankheitsbedingte Abwesenheitszeiten)
- höhere Mitarbeitermotivation *(Vgl. Austen, 2003, a.a.O., S. 52)*

Notiz(en)/ Bemerkung(en):

Realisierbar im eigenen Unternehmen?	☐ ja	☐ nein

„Ja, ich möchte die Kosten senken – aber richtig!"

2.7 Sonstige Personalaufwendungen

In dieser Kontengruppe werden die folgenden Kostenarten verbucht:

Kontengruppe 66

Kontonummer	Bezeichnung
6600	Aufwendungen für Personaleinstellung
6610	Aufwendungen für übernommene Fahrtkosten
6620	Aufwendungen für Werksarzt und Arbeitssicherheit
6630	Personenbezogene Versicherungen
6640	Aufwendungen für Fort- und Weiterbildung
6650	Aufwendungen für Dienstjubiläen
6660	Aufwendungen für Belegschaftsveranstaltungen
6670	Aufwendungen für Werksküche und Sozialeinrichtungen
6680	Ausgleichsabgabe nach dem Schwerbehindertengesetz
6685	Aufwendungen für Zeitarbeitskräfte
6690	Übrige sonstige Personalaufwendungen

(Vgl. Schmolke/Deitermann, 2002, a.a.O., Anhang)

Grundsätzlich ist eine Reduzierung aller dieser Kosten anzustreben. Die folgenden Maßnahmen zur Senkung dieser Kosten sind jedoch besonders hervorzuheben.

Maßnahme:	Effiziente Personalbeschaffung in Eigenregie	Tipp-Nummer **116**

Aufwandskonto: 6600 – Aufwendungen für Personaleinstellung

Erläuterungen zur Maßnahme:	Möglichkeiten zur Personalbeschaffung in Eigenregie sind: • nicht zu große, aber dennoch detaillierte, einfarbige Inserate in günstigeren, lokalen Zeitungen u.a. mit Angabe der E-Mail- / Telefonkontaktmöglichkeit und einer Aufforderung zur Nennung des nächstmöglichen Eintrittstermins und des Gehaltswunsches, um die Anzahl an unpassenden Bewerbungen schon im Vorfeld minimieren zu können • Einschränkung der Fahrtkostenerstattung schon im Einladungsschreiben zum Vorstellungsgespräch ankündigen (z.B. nur Erstattung von 2. Klasse, Bahn) • zur effizienten Vorselektion ggf. tel. Vorabinterviews führen • vorbereiteten Fragenkatalog in Gesprächen verwenden • abgelehnte, aber dennoch interessante Bewerbungen zur Deckung ggf. erneuter bzw. späterer Vakanzen vorerst behalten (jedoch nur mit Zustimmung des Bewerbers) (Siehe auch Maßnahme „Alternative Personalbeschaffung".)
Auswirkung(en):	• Reduzierung der Kosten für Stellenanzeigen, Porto (für Rücksendungen der Bewerbungsunterlagen), Fahrtkostenrückerstattung • Senkung der Prozesskosten (Reduzierung des Zeitaufwandes für Auswahl, Gespräche, Absagen)

Notiz(en)/ Bemerkung(en):

Realisierbar im eigenen Unternehmen? ☐ ja ☐ nein

„Ja, ich möchte die Kosten senken – aber richtig!"

Maßnahme:	Alternative Personalbeschaffung	Tipp-Nummer
		117

Aufwandskonto: 6600 – Aufwendungen für Personaleinstellung

Erläuterungen zur Maßnahme:	Kostensparende Alternativen zur Personalbeschaffung sind: • E-Recruiting, d.h. Stellenanzeigen auf der eigenen Firmen-Website und in externen Internet-Stellenmärkten platzieren • Kandidatensuche in Online-Lebenslauf-Datenbanken • kostenlose Übernahme von Zeitarbeitskräften i.d.R. nach 6-monatigem, erfolgreichem Einsatz • kostenlose Stellenausschreibungen beim Arbeitsamt • über Ausbildungsmaßnahmen für „Nachwuchskräfte" sorgen (z.B. Berufsausbildung für junge Menschen) • am Firmeneingang ein Anzeigenschild „Wir suchen..." • in Werbeflyern die jeweilige Stellenanzeige mit abdrucken • Fachmessen, spez. Absolventenkongresse und -messen oder virtuelle Online-Jobmessen (incl. Chat-Möglichkeit) nutzen • Kontakte zu Hochschulen / Betreuung von Studienarbeiten • im Einzelfall externe, kostengünstige Dienstleister nutzen
Auswirkung(en):	• Reduzierung der Kosten im Zusammenhang mit der Personalbeschaffung (incl. Prozesskosten) • z.T. erhöhte Bewerberanzahl und damit höhere Wahrscheinlichkeit, die Vakanz bestmöglich zu besetzen

Notiz(en)/ Bemerkung(en):

Realisierbar im eigenen Unternehmen? ☐ ja ☐ nein

„Ja, ich möchte die Kosten senken – aber richtig!"

Maßnahme:	Schnelle und erfolgreiche Einarbeitung von neuen Mitarbeitern	Tipp-Nummer **118**

Aufwandskonto: 6600 – Aufwendungen für Personaleinstellung

Erläuterungen zur Maßnahme:	Eine schnelle, kostensparende Einarbeitung beginnt schon mit einem realitätsnahen Bewerbungsgespräch, in dem das Unternehmen und die vakante Stelle genau vorgestellt wird. Dabei sollten neben positiven Aspekten auch ggf. vorhandene negative Aspekte gezielt angesprochen werden, um beim Bewerber keine falschen Erwartungen aufkommen zu lassen. Vor dem ersten Arbeitstag muss ein detaillierter Einarbeitungsplan erstellt und der neue Arbeitsplatz vorbereitet werden (Schreibtisch, Telefon, PC usw.). Am ersten Arbeitstag beginnt die eigentliche Einarbeitung mit einem Einführungsgespräch, mit der persönlichen Bekanntmachung des neuen Mitarbeiters im Unternehmen und ggf. der Aushändigung von div. Handbüchern (zur Aufbau- und Ablauforganisation). In einer Kombination aus Schulungen, „learning by doing", ggf. einer Paten-/Mentor-/Coaching-Betreuung und regelmäßiger Feedbackgespräche wird dann der neue Mitarbeiter effizient eingearbeitet.
Auswirkung(en):	<ul><li>Vermeidung von Fluktuation (gleich in der Anfangsphase) und einer daraus resultierenden erneuten, kostenintensiven Personalbeschaffung</li><li>schnelle Beendigung der Einarbeitungsphase und damit frühzeitige, volle Erfüllung der Anforderungen durch die neue Arbeitskraft</li><li>eine gleichmäßige Arbeitsverteilung im Team führt auch zu einem verbesserten Arbeitsklima</li></ul>
Notiz(en)/ Bemerkung(en):	

Realisierbar im eigenen Unternehmen?	☐ ja	☐ nein

„Ja, ich möchte die Kosten senken – aber richtig!"

Maßnahme:	Aus- und Fortbildung einschränken	Tipp-Nummer **119**

Aufwandskonto: 6640 – Aufwendungen für Fort- und Weiterbildung

Erläuterungen zur Maßnahme:	An Ausbildungs- und Fortbildungskosten zu sparen, kann u.U. falsch sein, da eine einwandfreie Arbeitsleistung nur bei entsprechender Qualifikation erwartet werden kann. Dennoch sollten nur noch zielgerichtete Seminare für engagierte Mitarbeiter angeboten werden. Anstelle von externen Seminaren bietet sich auch die Form von internen Schulungen und/oder E-Learning (Siehe Maßnahme „Ggf. Implementierung eines E-Learningsystems".) an. Vielleicht gibt es auch den einen oder anderen „Experten" in Ihrem Unternehmen, der seine Kollegen problemlos schulen könnte?! Aber auch schon bei der Bewerberauswahl muss auf die Einstellung von qualifizierten Arbeitskräften, die bereits über die geforderten Kenntnisse und Fertigkeiten größtenteils verfügen, geachtet werden. Mit einem Appell an die Mitarbeiter, sich auch in Eigeninitiative fortzubilden (z.B. Besuch von Volkshochschulen; Nutzung von Webcasts), kann die Mitarbeiterqualifikation ebenfalls verbessert werden.
Auswirkung(en):	• Einsparung von Seminarkosten (Kosten des Seminars, Reisekosten) • Verringerung schulungsbedingter Personalabwesenheitszeiten
Notiz(en)/ Bemerkung(en):	

Realisierbar im eigenen Unternehmen?	☐ ja		☐ nein

„Ja, ich möchte die Kosten senken – aber richtig!"

Sonstige Personalaufwendungen

Maßnahme:	Ggf. Implementierung eines E-Learningsystems	Tipp-Nummer **120**
Aufwandskonto:	6640 – Aufwendungen für Fort- und Weiterbildung	
Erläuterungen zur Maßnahme:	Unter „E-Learning" versteht man das schnelle Vermitteln von Kenntnissen/Fertigkeiten für eine große Mitarbeiteranzahl mit Hilfe moderner Informationstechnologien (PC/Internet). Da das Lernen selbständig ohne Anleitung einer weiteren Person erfolgt, ist keine Lehrkraft erforderlich. Weitere Vorteile dieser Lernform sind die freie Zeiteinteilung (z.B. in auftragsschwachen Perioden), die Einsparung von Reisekosten und -zeiten sowie bessere und schnellere Lernerfolge. Kosten für Seminarräume entfallen, weil das Lernen unmittelbar am Arbeitsplatz erfolgt. Ebenso sinken die Nachbearbeitungskosten, da eine automatisierte Auswertung von Testaufgaben mgl. ist. Die z.T. hohen Kosten für die Anschaffung, Installation und Wartung eines E-Learningsystems amortisieren sich i.d.R. erst bei einer höheren Anzahl an Schulungsteilnehmern. Zur Vermittlung von komplexem Lernstoff sollte E-Learning mit herkömmlichen Lehrmethoden (z.B. Präsenzunterricht) kombiniert werden.	
Auswirkung(en):	<ul><li>Senkung von Seminarkosten bei entsprechend hoher Anzahl an Schulungsteilnehmern (Reisekosten, Raumkosten, Kosten für Lehrkräfte)</li><li>effizienter Personaleinsatz durch didaktisch bessere und schnellere Vermittlung des Lernstoffes</li><li>Zeitersparnis bzw. -optimierung, da das Lernen bei freier Zeiteinteilung möglich ist</li><li>schnelle, kostensparende Auswertung von Testaufgaben</li></ul> *(Vgl. Scheffler, 2001, a.a.O., S. 6-18)*	
Notiz(en)/ Bemerkung(en):		

Realisierbar im eigenen Unternehmen?	☐ ja ☐ nein

„Ja, ich möchte die Kosten senken – aber richtig!"

Maßnahme:	Betriebsfeiern einschränken	**Tipp-Nummer** **121**

Aufwandskonto: 6660 – Aufwendungen für Belegschafts-veranstaltungen

Erläuterungen zur Maßnahme: Betriebsfeiern finden immer wieder in regelmäßigen Abständen statt. Jedoch können auch dabei Kosten gespart werden. So muss z.B. nicht unbedingt das teuerste Restaurant mit einem Fünf-Gänge-Menü ausgewählt werden. Oft sind auch im eigenen Betriebsgebäude geeignete Räumlichkeiten vorhanden, die dann in Verbindung mit einem Catering-Service einen passenden Rahmen für eine Betriebsveranstaltung bieten können. Zu beachten ist, dass maximal zwei Betriebsveranstaltungen pro Kalenderjahr für den Arbeitnehmer steuer- und beitragsfrei sind, wenn die Kosten von 110,- € pro Person (incl. USt.) und pro Veranstaltung nicht überschritten werden.

Auswirkung(en):
- Senkung der Kosten für Betriebsveranstaltungen

Notiz(en)/ Bemerkung(en):

Realisierbar im eigenen Unternehmen?   ☐ ja   ☐ nein

„Ja, ich möchte die Kosten senken – aber richtig!"

Maßnahme: Beschäftigung von Schwerbehinderten

Tipp-Nummer: 122

Aufwandskonto: 6680 – Ausgleichsabgabe nach dem Schwerbehindertengesetz

Erläuterungen zur Maßnahme: I.M. ist jeder Arbeitgeber mit jahresdurchschnittlich monatlich mindestens 20 Arbeitsplätzen im Sinne des § 73 SGB IX gesetzlich dazu verpflichtet, schwer behinderte Menschen zu beschäftigen. Die vorgeschriebene Beschäftigungsquote beträgt dabei mindestens fünf Prozent. Unternehmen, die diese Pflicht nicht erfüllen, müssen je nach ihrer unternehmensbezogenen Beschäftigungsquote eine hohe Ausgleichsabgabe zahlen (Je weniger schwer behinderte Mitarbeiter, desto höher ist die Abgabe.). Um diese Kosten zu vermeiden und um vor allem auch behinderten Menschen die Möglichkeit zu geben, am Arbeitsleben aktiv teilnehmen zu können, sollte jedes Unternehmen etwaige Einsatzmöglichkeiten genau prüfen. Durch verschiedene Förderprogramme unterstützt auch die Bundesanstalt für Arbeit die Beschäftigung von Schwerbehinderten.

Auswirkung(en):
- Kostenentlastung durch den Wegfall der Ausgleichsabgabe
- Motivation und Perspektive für schwer behinderte Menschen

Notiz(en)/ Bemerkung(en):

Realisierbar im eigenen Unternehmen?   ☐ ja   ☐ nein

„Ja, ich möchte die Kosten senken – aber richtig!"

Maßnahme:	Einschränkung des Einsatzes von Zeitarbeitskräften und Aushilfen	Tipp-Nummer **123**

Aufwandskonto: 6685 – Aufwendungen für Zeitarbeitskräfte

Erläuterungen zur Maßnahme: Zur Überbrückung von Auftragsspitzen, kurzfristiger Fluktuation oder Risikoreduzierung werden Zeitarbeitskräfte beschäftigt. Nach dem Wegfall des ursprünglichen Einsatzgrundes sollte immer umgehend geprüft werden, inwieweit eine weitere Beschäftigung noch Sinn macht. Gibt es tatsächlich noch weitere Aufgaben/Tätigkeiten, die von dieser Person erfolgreich erledigt werden können? Oder versucht vielleicht jemand, seine eigenen, unliebsamen Tätigkeiten auf diese Zeitarbeitskraft „abzuwälzen"? Eine objektive Bewertung in regelmäßigen Abständen, unter Kostengesichtspunkten, ist durch eine neutrale Stelle im Unternehmen erforderlich. Falls keine Einsatzmöglichkeiten mehr gegeben sind, so sollte das Beschäftigungsverhältnis kurzfristig beendet werden.

Auswirkung(en):
- Senkung der Kosten für externe Dienstleister (Zeitarbeitsunternehmen)

Notiz(en)/ Bemerkung(en):

Realisierbar im eigenen Unternehmen?	☐ ja	☐ nein

„Ja, ich möchte die Kosten senken – aber richtig!"

Maßnahme:	Studenten über „Studentenservice" beschaffen	Tipp-Nummer **124**

Aufwandskonto: 6685 – Aufwendungen für Zeitarbeitskräfte

Erläuterungen zur Maßnahme: Der Einsatz von Studenten ist eine kostengünstigere Alternative zur Beschäftigung von Zeitarbeitskräften. Telefonisch kann jedes Unternehmen beim örtlichen Studentenservice den jeweiligen Bedarf melden. Studenten, die sich von der angebotenen Tätigkeit und dem genannten Stundenlohn angesprochen fühlen, können sich dann darauf bei dem Unternehmen individuell vorstellen.

Besonders in den Semesterferien kann auf diese Weise kostengünstig der temporäre Personalbedarf gedeckt werden.

Auswirkung(en):
- Senkung der Kosten für externe Dienstleister (Zeitarbeitsunternehmen)

Notiz(en)/ Bemerkung(en):

Realisierbar im eigenen Unternehmen? ☐ ja ☐ nein

„Ja, ich möchte die Kosten senken – aber richtig!"

Maßnahme:	Vermeidung von Arbeitsunfällen und Berufskrankheiten / Gesundheitsmanagement	Tipp-Nummer 125

Aufwandskonto: 6685 – Aufwendungen für Zeitarbeitskräfte

Erläuterungen zur Maßnahme:	Aufgrund gesetzlicher Unfallverhütungsvorschriften sind alle Unternehmer, die Arbeitnehmer beschäftigen, zu einer sicherheitstechnischen und arbeitsmedizinischen Betreuung verpflichtet. Ungeachtet davon sollte sich jeder Arbeitgeber bewusst sein, dass er durch die Vermeidung von Arbeitsunfällen und Berufskrankheiten auch Kosten spart. So kann bspw. ein unpassender Stuhl zu einem Bandscheibenleiden und somit zu Ausfallzeiten führen. Aus diesem Grund müssen Arbeitsunfälle vermieden, vorbeugende Maßnahmen ergriffen (z.B. durch Anbieten von Stressbewältigungs-Seminaren, Sehtests, Rückenschulen) und Arbeitsbedingungen (z.B. durch ergonomische Büro-Arbeitsplätze) geschaffen werden, um das Risiko von kostenintensiven Ausfallzeiten zu minimieren. Auch sollten die lt. Arbeitssicherheitsgesetz vorgeschriebenen, kostenpflichtigen Einsatzstunden von Betriebsärzten im Sinne des Gesundheitsschutzes durch den Arbeitgeber abgerufen werden.
Auswirkung(en):	- Senkung von krankheits- und unfallbedingten Ausfallzeiten und damit verbundenen Personalkosten (bspw. Zusatzkosten für Zeitarbeitskräfte zur Überbrückung) - Erhaltung der Gesundheit aller Arbeitnehmer - höhere Motivation der Mitarbeiter - verbesserte Leistungsqualität und -quantität
Notiz(en)/ Bemerkung(en):	

Realisierbar im eigenen Unternehmen? ☐ ja ☐ nein

„Ja, ich möchte die Kosten senken – aber richtig!"

2.8 Aufwendungen für die Inanspruchnahme von Rechten und Diensten

In dieser Kontengruppe werden die folgenden Kostenarten verbucht:

Kontengruppe 67

Kontonummer	Bezeichnung
6700	Mieten, Pachten
6701	Geschäftsräume: Nebenkosten, Reinigung, Energie
6702	Geschäftsräume: Instandhaltung
6710	Leasing
6720	Lizenzen und Konzessionen
6730	Gebühren
6750	Kosten des Geldverkehrs
6760	Provisionsaufwendungen (außer Vertriebsprovisionen)
6770	Rechts- und Beratungskosten
6780	Entsorgungskosten

(Vgl. Schmolke/Deitermann, 2002, a.a.O. , Anhang)

Grundsätzlich ist eine Reduzierung aller dieser Kosten anzustreben. Die folgenden Maßnahmen zur Senkung dieser Kosten sind jedoch besonders hervorzuheben.

„Ja, ich möchte die Kosten senken – aber richtig!"

Maßnahme:	Kosten von externen Dienstleistern reduzieren bzw. beschränken	Tipp-Nummer **126**

Aufwandskonto: 67 .. – Aufwendungen für die Inanspruchnahme von Rechten und Diensten

Erläuterungen zur Maßnahme:	Externe Dienstleister, wie Logistikunternehmen, Druckereien, Kurierdienste, Rechtsanwälte, Unternehmensberater, Banken, Reinigungsfirmen, Sicherheitsdienste, Entsorgungsfirmen, div. Outsourcingpartner, Beratungsfirmen, Werbeagenturen verursachen Kosten, die regelmäßig geprüft werden müssen. Ist der Einsatz des Dienstleisters überhaupt (noch) erforderlich? Wenn ja, passt der Preis und die Leistung? Dazu empfiehlt es sich, in regelmäßigen Abständen mehrere Alternativangebote einzuholen, Preise zu vergleichen, um dann u.U. Gegenmaßnahmen einzuleiten. Über das Abschließen von ggf. überregionalen Rahmenverträgen lassen sich die Kosten oft auch senken. Auch sollte nach jeder Leistungserbringung durch Dritte, eine Führungskraft den Bericht/Report prüfen und abzeichnen sowie diesen mit der folgenden Rechnung genau vergleichen. (Siehe Maßnahme „Einführung einer genauen und schnellen Eingangs-Rechnungsprüfung".)
Auswirkung(en):	▪ Senkung der Kosten, die durch externe Dienstleister verursacht werden

Notiz(en)/ Bemerkung(en):

Realisierbar im eigenen Unternehmen?	☐ ja	☐ nein

„Ja, ich möchte die Kosten senken – aber richtig!"

Maßnahme:	Prüfung aller laufenden Verträge hinsichtlich der betrieblichen Notwendigkeit	Tipp-Nummer **127**

Aufwandskonto: 67 .. – Aufwendungen für die Inanspruchnahme von Rechten und Diensten

Erläuterungen zur Maßnahme:	Bei der Überprüfung der Kosten aus laufenden Verträgen dürfen nicht nur der Preis und die Leistung geprüft werden. Vielmehr muss auch der eigentliche Sinn und Zweck des Vertrages untersucht werden. Ist dieser Vertrag wirklich betrieblich noch notwendig? Bringt dieser Vertrag dem Unternehmen einen Vorteil oder wird die angebotene und bezahlte Leistung überhaupt nicht (mehr) in Anspruch genommen? Eine regelmäßige Zweckmäßigkeitsprüfung aller laufenden Verträge lässt erkennen, ob unnütze Kosten anfallen und denen durch eine sofortige Vertragskündigung begegnet werden muss. (Siehe auch Maßnahme „Make-Entscheidung / Insourcing".)

Auswirkung(en):	• Senkung der Kosten, die durch externe Dienstleister verursacht werden

Notiz(en)/ Bemerkung(en):

Realisierbar im eigenen Unternehmen?	☐ ja ☐ nein

„Ja, ich möchte die Kosten senken – aber richtig!"

Maßnahme:	Make-Entscheidung / Insourcing	Tipp-Nummer **128**

Aufwandskonto: 67.. – Aufwendungen für die Inanspruchnahme von Rechten und Diensten

Erläuterungen zur Maßnahme:	Unter Umständen kann es sinnvoll sein, im Rahmen einer erneuten „Make-or-Buy-Entscheidung" zu prüfen, ob es kostengünstiger ist, ein Wirtschaftsgut oder eine Dienstleistung (wieder) mit eigenen, vorhandenen Personalkapazitäten herzustellen bzw. zu erbringen. Gründe hierfür können eine mgl. Inkompetenz oder nachlassende Qualität des bisherigen Partners, der Verlust von Know-how oder überproportional gestiegene Kosten sein. Die Eigenfertigung (sog. „Make-Entscheidung") oder das sog. „Insourcing" von bisher extern vergebenen Aufträgen sollte insbesondere dann erfolgen, wenn die Nachteile/Risiken überwiegen oder wenn die eigene, schlechte Auftragslage nicht zu einer hundertprozentigen Auslastung der eigenen Mitarbeiter führt und somit „Freiräume" kostensparend genutzt werden können.
Auswirkung(en):	<ul><li>Senkung ggf. überhöhter Kosten, aufgrund des bisherigen Fremdbezuges bzw. Outsourcings</li><li>effiziente Ausnutzung der vorhandenen, eigenen Personalkapazitäten im Falle von „Freiräumen"</li><li>Unabhängigkeit von Dritten</li><li>Aufbau bzw. Erhalt von Know-how</li></ul>
Notiz(en)/ Bemerkung(en):	

Realisierbar im eigenen Unternehmen?		☐ ja	☐ nein

„Ja, ich möchte die Kosten senken – aber richtig!"

Maßnahme:	Umfang für Firmenräumlichkeiten prüfen	Tipp-Nummer 129

Aufwandskonto: 6700 – Mieten, Pachten

Erläuterungen zur Maßnahme:	Der Umfang der Firmenräumlichkeiten, d.h. die Fläche für Büro, Lager und Nebenflächen, beeinflusst in einem nicht unerheblichen Maß die Kosten. Da diese Immobilien häufig gemietet werden, sollten als erstes die mtl. Mietkosten geprüft werden. Falls der Mietpreis zu hoch ist und der Vermieter einer Mietpreissenkung nicht zustimmt, so muss auch an einen Umzug gedacht werden. Neben dem zu zahlenden Quadratmeterpreis bestimmt aber auch die Fläche die mtl. Kosten. Daher ist die Fläche in Büro- und Lagerräumen zu analysieren und ggf. einzuschränken. Eine Reduzierung der Bürofläche kann bspw. auch über ein „Desk-Sharing" erreicht werden. Beim Desk-Sharing teilen sich mehrere Mitarbeiter eine geringere Anzahl von Schreibtischen, da diese Mitarbeiter nur zeitweise im Büro sind. Auch die Parkplatz-Anzahl sollte geprüft werden. (Siehe auch Maßnahme „Flächenoptimierung".)
Auswirkung(en):	▪ Senkung der Kosten für Firmenräumlichkeiten

Notiz(en)/ Bemerkung(en):

Realisierbar im eigenen Unternehmen?	☐ ja	☐ nein

„Ja, ich möchte die Kosten senken – aber richtig!"

Maßnahme:	Flächenoptimierung	Tipp-Nummer 130

Aufwandskonto: 6700 – Mieten, Pachten

Erläuterungen zur Maßnahme: Werden zusätzliche Raumflächen benötigt oder müssen bestehende Räumlichkeiten unter Kostengesichtspunkten verkleinert werden, so sollte immer an eine Flächenoptimierung gedacht werden. Ziel ist die bestmögliche Nutzung aller (zukünftig) vorhandenen Raumkapazitäten bzw. die Vermeidung von zusätzlichen Kosten, aufgrund einer scheinbar erforderlichen Flächenausdehnung. Unter Berücksichtigung der internen Arbeitsorganisation und der Arbeitsstättenverordnung, die die Mindestanforderungen für Arbeitsstätten definiert, bieten sich zahlreiche Möglichkeiten zur Flächenoptimierung an. Dazu zählt bspw. die Bildung von größeren, zusammengefassten Raum-Einheiten durch weniger Wände und geringere Gangflächen. Eine platzsparende Möblierung bzw. Raumausstattung und die universelle, temporär unterschiedliche Raumnutzung durch flexible Wandsysteme sind weitere Beispiele.

Auswirkung(en):
- Senkung von verschiedenen Kosten (Miete, Raumnebenkosten)
- optimale, interne Arbeitsorganisation (kurze Wege zwischen den Mitarbeitern)

Notiz(en)/ Bemerkung(en):

Realisierbar im eigenen Unternehmen?	☐ ja	☐ nein

„Ja, ich möchte die Kosten senken – aber richtig!"

Maßnahme:	Anmietung eines Business Centers	Tipp-Nummer 131

Aufwandskonto: 6700 – Mieten, Pachten

Erläuterungen zur Maßnahme:	„Business Center" sind repräsentative Büroräumlichkeiten, die in Verbindung mit weiteren Dienstleistungen auf Mietbasis genutzt werden können. Weitere, individuelle Dienstleistungen sind bspw. die gleichzeitige Nutzung von Personalressourcen, Equipment (Kopierer, Faxe, PC's usw.) sowie sonstige Servicedienstleistungen (z.B. stundenweise Anmietung von Konferenzräumen). Dadurch entfällt das eigene Anmieten und Einrichten von Büroräumen sowie die Einstellung von qualifiziertem Personal. Ebenso erhöht sich die Flexibilität, da im Falle einer Ausweitung oder Einschränkung des Geschäftsbetriebes kurzfristig reagiert werden kann, weil i.d.R. nur Mietverträge mit kurzer Laufzeit abgeschlossen werden. Insbesondere für kleine Unternehmen und Unternehmensneugründungen ist dies eine kostensparende Alternative.
Auswirkung(en):	<ul><li>Senkung von verschiedenen Kosten (Miete, Raumneben-, Personalkosten usw.)</li><li>höhere Flexibilität im Zusammenhang mit der Geschäftsentwicklung</li><li>Konzentration auf die Kernkompetenzen</li></ul>

Notiz(en)/ Bemerkung(en):

Realisierbar im eigenen Unternehmen? ☐ ja ☐ nein

„Ja, ich möchte die Kosten senken – aber richtig!"

Maßnahme:	Telearbeit	Tipp-Nummer 132

Aufwandskonto: 6700 – Mieten, Pachten

Erläuterungen zur Maßnahme:	„Telearbeit" heißt, dass mit Hilfe der Telekommunikation die Arbeitsleistung an einem beliebigen Ort erbracht wird. Obwohl sich nicht jede Tätigkeit und jeder Mensch für dieses Arbeitsmodell eignet, wächst dennoch deren Bedeutung. Heimtelearbeit, Satelliten- und Nachbarschaftsbüros oder die mobile Arbeit an beliebigen Orten sind dabei verschiedene Arten von Telearbeit. Sie führt zu Kosteneinsparungen beim Unternehmen, da weniger Kosten durch das Anmieten von Büroräumen und das Einrichten von Arbeitsplätzen anfallen. Der Mitarbeiter profitiert auch, da für ihn Anfahrtskosten und -zeiten entfallen, er seine Arbeitszeit flexibel gestalten kann und damit seine Motivation steigt. Dies führt wiederum zu höherer Produktivität und letztendlich u.U. zu einem verbesserten betriebswirtschaftlichen Ergebnis.
Auswirkung(en):	• Senkung von verschiedenen Kosten (Miete, Raumnebenkosten, Kosten für Büroeinrichtung) • höhere Mitarbeitermotivation führt i.d.R. zu besseren Arbeitsergebnissen
Notiz(en)/ Bemerkung(en):	

Realisierbar im eigenen Unternehmen?	☐ ja	☐ nein

„Ja, ich möchte die Kosten senken – aber richtig!"

Maßnahme:	„Build to order" (BTO)	Tipp-Nummer 133

Aufwandskonto: 6700 – Mieten, Pachten

Erläuterungen zur Maßnahme:	„Build-to-Order" (BTO) bedeutet, dass ein bestimmtes Produkt erst dann „maßgeschneidert" gefertigt wird, wenn ein individueller Kundenauftrag vorliegt. Der Erfolg dieses Fertigungsprinzips erfordert eine perfekt geplante Lieferkette, da auch die benötigten Teile bei den Zulieferern erst dann bestellt werden, wenn sie tatsächlich für einen konkreten Kundenauftrag benötigt werden. Nur so können kürzeste Lieferzeiten sichergestellt werden. BTO wird heute schon erfolgreich in der Auto- und Computerindustrie eingesetzt. Aber auch die kleine Bäckerei im Supermarkt arbeitet oft in ähnlicher Weise nach diesem Prinzip, d.h. die Brötchen werden frisch, je nach Nachfrage gebacken. Die Übermittlung des indiv. Kundenauftrages erfolgt dabei zunehmend webbasiert, d.h. über das Internet.

Auswirkung(en):	<ul><li>geringere Verkaufs- und Lagerflächenkosten</li><li>Bestandsreduzierung im Lager, d.h. geringere Kapitalbindung und vermindertes Warenbestands-Abwertungsrisiko (außerordentliche Abschreibung)</li><li>keine Rabatte auf „Ladenhüter"</li><li>höhere Kundenzufriedenheit</li></ul>

(Vgl. Kücherer, 2001, a.a.O., S. 68-71)

Notiz(en)/ Bemerkung(en):

Realisierbar im eigenen Unternehmen?	☐ ja	☐ nein

„Ja, ich möchte die Kosten senken – aber richtig!"

Maßnahme:	Untervermietung von ungenutzten Räumlichkeiten	Tipp-Nummer 134

Aufwandskonto: 6700 – Mieten, Pachten

6701 – Geschäftsräume: Nebenkosten…

Erläuterungen zur Maßnahme: Bei bestehenden, langfristig abgeschlossenen Mietverträgen ist es i.d.R. kurzfristig nicht möglich, ungenutzte bzw. freie Räumlichkeiten (Büroräume, Lagerflächen, Parkplätze) an den Vermieter kostenmindernd abzugeben.
Eine Lösung dafür wäre die Untervermietung dieser freien Kapazitäten an Dritte. Mit Zustimmung des Vermieters ist dies oft möglich und entlastet den eigenen Kostenblock für Mieten und Raumnebenkosten kurzfristig.

Auswirkung(en):
- Senkung von verschiedenen Kosten (Miete, Raumnebenkosten)

Notiz(en)/ Bemerkung(en):

Realisierbar im eigenen Unternehmen?   ☐ ja   ☐ nein

„Ja, ich möchte die Kosten senken – aber richtig!"

Maßnahme:	Raum-/Lagernebenkosten senken	Tipp-Nummer **135**

Aufwandskonto: 6701 – Geschäftsräume: Nebenkosten, Reinigung, Energie

Erläuterungen zur Maßnahme: Die Raum-/Lagernebenkosten lassen sich durch zahlreiche Aktivitäten senken. Mgl. Maßnahmen zur Senkung der ...

- Reinigungskosten: Prüfung des Preis-/Leistungsverhältnisses der Reinigungsfirma, Reinigungsrhythmus und Reinigungsumfang herabsetzen
- Energiekosten: Installation von Zeitschaltern und energiesparender Lampentechnik, Einschränkung der Gebäude-Außenbeleuchtung, Ausschalten aller Geräte am Abend
- Wasserkosten: Installation von wassersparenden WC's und Spülmaschinen, von Durchflußbegrenzern sowie Einhand-Mischbatterien; Prüfung der Dichtheit von Wasserhähnen
- Heizkosten: Temperaturherabsetzung in bestimmten Räumen (z.B. im Lager) und zu bestimmten Zeiten (z.B. an Feiertagen und Wochenenden), Installation automatischer Türschließer, Inbetriebnahme einer Solaranlage auf dem Betriebsgebäude, eine wirkungsvolle Wärmedämmung

Auswirkung(en):
- Senkung der Raumnebenkosten
- ökologisch verantwortliches Handeln

Notiz(en)/ Bemerkung(en):

Realisierbar im eigenen Unternehmen?   ☐ ja   ☐ nein

„Ja, ich möchte die Kosten senken – aber richtig!"

Maßnahme:	Stromanbieter ggf. wechseln

Tipp-Nummer

136

Aufwandskonto: 6701 – Geschäftsräume: Nebenkosten, Reinigung, Energie

Erläuterungen zur Maßnahme:	Mit der Liberalisierung des Strommarktes haben sich auch die Strompreise verändert. Aufgrund des verstärkten Wettbewerbes zwischen den unterschiedlichen Anbietern, ist ein regelmäßiger Preisvergleich und ggf. ein anschließender Wechsel zu einem Mitbewerber zu empfehlen.
Auswirkung(en):	▪ Senkung der Stromkosten
Notiz(en)/ Bemerkung(en):	

Realisierbar im eigenen Unternehmen? ☐ ja ☐ nein

„Ja, ich möchte die Kosten senken – aber richtig!"

Maßnahme:	Contracting	Tipp-Nummer **137**

Aufwandskonto: 6701 – Geschäftsräume: Nebenkosten, Reinigung, Energie

Erläuterungen zur Maßnahme:	„Contracting" bedeutet Outsourcen der Energiebeschaffung. Der Contractor analysiert den gesamten Energiebedarf und stellt auf seine Kosten eine passende, neue, schadstoffarme Heizanlage/Energiestation zur Verfügung. Während der vereinbarten Vertragslaufzeit fließt dem Contractor ein gewisser Prozentsatz (i.d.R. 80%) der Energiekosten-Ersparnis zur Deckung seiner vorfinanzierten Beträge wieder zu. Die restliche Energiekostenersparnis (hier 20%) spart der Unternehmer direkt. Innerhalb der Vertragsdauer übernimmt der Contractor auch die gesamte Wartung und Instandhaltung. Nach Vertragsablauf gehen die Anlagen in das Eigentum des Unternehmers über, welches dann auch zu 100% von der Ersparnis profitiert. Contracting lohnt sich in Betrieben mit hohem Energieverbrauch und/oder großen Gebäuden mit umfangreicher Technik.
Auswirkung(en):	<ul><li>Senkung der Energiekosten</li><li>Reduzierung des Energieverbrauches durch Einsatz neuester Technik</li><li>Erhöhung der Liquidität</li><li>der Auftraggeber kann sich mehr auf seine Kernkompetenzen konzentrieren</li><li>u.U. Verkauf überschüssiger Emissionsrechte und damit Teilnahme am Emissionshandel</li></ul> *(Vgl. Gloger, 2004, a.a.O. , S. 18-21)*
Notiz(en)/ Bemerkung(en):	

Realisierbar im eigenen Unternehmen?	☐ ja ☐ nein

„Ja, ich möchte die Kosten senken – aber richtig!"

Maßnahme:	Hausmeister auf Abruf	Tipp-Nummer **138**

Aufwandskonto: 6702 – Geschäftsräume: Instandhaltung

Erläuterungen zur Maßnahme:	Immer wieder fallen Kleinreparaturen bzw. geringfügige handwerkliche Tätigkeiten an. Häufig ist keiner der Angestellten in der Lage oder Willens, ein Bild an einer Bürowand aufzuhängen oder ein quietschendes Türscharnier zu ölen. Darüber hinaus ist der eine oder andere Angestellte häufig zu hoch qualifiziert und aufgrund seiner Einkommensregelung einfach zu „teuer", um diese Aufgaben wahrnehmen zu können. Anstelle einen Hausmeister in Vollzeit für derartige Tätigkeiten permanent zu beschäftigen bzw. einen Auftrag an eine Fremdfirma zu vergeben, bietet sich ein „Hausmeister auf Abruf" an. Dies kann bspw. ein rüstiger, handwerklich begabter Rentner sein, der auf Stundenbasis zweimal die Woche für drei Stunden je nach Bedarf eingesetzt wird. Auf diese Weise können viele kleine Reparaturen und Dienstleistungen in Eigenregie kostensparend behoben werden.
Auswirkung(en):	• Senkung der Kosten für externe Dienstleister bzw. Einsparung von Personalkosten für Festangestellte

Notiz(en)/ Bemerkung(en):

Realisierbar im eigenen Unternehmen?	☐ ja	☐ nein

„Ja, ich möchte die Kosten senken – aber richtig!"

Maßnahme:	Softwaremanagement	Tipp-Nummer 139

Aufwandskonto: 6720 – Lizenzen und Konzessionen

Erläuterungen zur Maßnahme:	Zur Unterstützung der Geschäftsprozesse wird, mittlerweile für fast alle Unternehmensbereiche, Software angeboten und zunehmend eingesetzt. Dieser Einsatz muss jedoch in Übereinstimmung mit Urheberrechten und Lizenzvorschriften geschehen. Neben Unterlizenzierung ist dabei auch eine Überlizenzierung zu beobachten, d.h. z.B. anstelle günstigerer Volumenlizenzen werden teure Einzelplatzlizenzen verwendet. Um diesen betriebswirtschaftlichen und rechtlichen Aspekten gerecht zu werden, ist ein Softwaremanagement erforderlich. Ein systematisches Softwaremanagement bedeutet, dass die richtigen Lizenzmodelle zum Einsatz kommen und alle vorhandenen Lizenzen sorgfältig verwaltet werden. Zusätzliche innerbetriebliche Kosten, die durch dezentrale und unkoordinierte Einkaufs- und Verwaltungsstrukturen, mangelhafte Software-Installation, -Verteilung und -Schulung sowie aufwändige Wartung durch den Support entstehen, werden so auch minimiert.
Auswirkung(en):	<ul><li>Senkung der Anschaffungs- und Prozesskosten, die aufgrund eines unkontrollierten Software-Einsatzes entstehen</li><li>Minimierung der Lizenzkosten durch das Vermeiden einer Überlizenzierung</li><li>Unterbinden (unbewusst) strafbarer Handlungen</li></ul>

(Vgl. Dohmen, 2004, a.a.O., S. 68-70)

Notiz(en)/ Bemerkung(en):

Realisierbar im eigenen Unternehmen?	☐ ja ☐ nein

„Ja, ich möchte die Kosten senken – aber richtig!"

Maßnahme:	Open-Source- und Freeware-Software einsetzen	Tipp-Nummer 140
Aufwandskonto:	6720 – Lizenzen und Konzessionen	

Erläuterungen zur Maßnahme:	Als Alternative zu kommerzieller Software kann u.U. Open-Source-Software zu einer Senkung der IT-Kosten beitragen. Da für Open-Source-Software nur Kosten für Installation, Anpassung, Support sowie Wartung anfallen und keine Lizenzgebühren erhoben werden, ist dies ggf. eine kostengünstige Möglichkeit für einen erfolgreichen Software-Einsatz. Das Sparpotenzial ist jedoch bei großen Unternehmen höher als bei Kleinunternehmen. Bei kleineren Unternehmen fehlt oft das interne Open-Source-Know-how, so dass kostenintensive, fachkundige Open-Source-Berater, die nicht immer leicht zu finden sind, für Schulung und Support erforderlich werden. Daher ist oft eine kommerzielle Anwendung für kleinere Unternehmen die günstigere Variante. Kommerziell nutzbare „Freeware"-Software, die kostenlos aus dem Internet geladen werden kann und eine Nutzung im Unternehmen erlaubt, entlastet dagegen das IT-Budget immer.
Auswirkung(en):	<ul><li>minimale Anschaffungskosten (keine Lizenzgebühren)</li><li>Unabhängigkeit von Herstellern</li><li>aufgrund des Zugangs zum Quellcode, kann die Software durch Fachpersonal schnell individuell angepasst werden</li><li>höhere Sicherheit, da die meisten Viren nur kommerzielle Anwendungen angreifen sowie höhere Stabilität</li><li>Open-Source-Systeme benötigen weniger Rechnerleistung und akzeptieren andere Betriebssysteme</li></ul> *(Vgl. Wagenknecht, 2003, a.a.O., S. 68-70)*
Notiz(en)/ Bemerkung(en):	

Realisierbar im eigenen Unternehmen?	☐ ja	☐ nein

„Ja, ich möchte die Kosten senken – aber richtig!"

Maßnahme:	Eigenentwicklung von Software-Lösungen	Tipp-Nummer **141**

Aufwandskonto: 6720 – Lizenzen und Konzessionen

6770 – Rechts- und Beratungskosten

Erläuterungen zur Maßnahme: Software-Lösungen kommen mittlerweile in fast allen Unternehmen zum Einsatz. Die Erstellung bzw. Programmierung von unternehmensspezifischen Anwendungen erfolgt dabei oft über kostenpflichtige, externe Dienstleister. Zukünftige Änderungswünsche an bestehenden Anwendungen verursachen zusätzliche Kosten. Als Alternative bietet sich die Eigenentwicklung von Software-Lösungen an. Insbesondere kleinere Unternehmensanwendungen (z.B. eine Datenbank zur Verwaltung der Hardware- und Softwareausstattung pro Mitarbeiter, eine Website zur Unternehmenspräsentation) lassen sich durchaus in Eigenregie bewältigen. Durch den Besuch eines Seminars und/oder das Lesen von Fachliteratur können die erforderlichen Kenntnisse und Fertigkeiten erlernt werden. Häufig ist das Know-how bei dem einen oder anderen Mitarbeiter u.U. bereits vorhanden. Mit etwas Zeit und gutem Willen kann so eine nützliche Anwendung entstehen, die das Geschäft unterstützt.

Auswirkung(en):
- Reduzierung der Software-Lizenzkosten
- Vermeidung von Kosten für externe Dienstleiter (z.B. Software-Entwickler)
- Senkung der Personal- und Prozesskosten, aufgrund des Software-Einsatzes und der damit verbundenen Effizienzsteigerung

Notiz(en)/ Bemerkung(en):

Realisierbar im eigenen Unternehmen?   ☐ ja   ☐ nein

„Ja, ich möchte die Kosten senken – aber richtig!"

| Maßnahme: | Bankgebühren minimieren | Tipp-Nummer **142** |

Aufwandskonto: 6730 – Gebühren

| **Erläuterungen zur Maßnahme:** | Zur Abwicklung des Zahlungsverkehrs benötigt jedes Unternehmen mindestens eine Bankverbindung. Grundsätzlich sollte in diesem Zusammenhang die Anzahl an Bankverbindungen minimiert werden, um die Kosten für Bankgebühren generell zu beschränken. Müssen Sie Ihren Kunden tatsächlich mehrere Bankverbindungen anbieten? Darüber hinaus sollte das Kreditinstitut für die Bankverbindung ausgewählt werden, welches das beste Preis-/Leistungsverhältnis hinsichtlich der Gebühren und der Leistungen anbietet. Wie hoch die Gebühren sind, ist dabei oft Verhandlungssache. Dabei ist auch zu bedenken, dass sich durch eine Beschränkung auf ein bis zwei Bankverbindungen, das Gesamttransaktionsvolumen erhöht und damit die eigene Verhandlungsposition gegenüber der Bank gestärkt wird. |

Auswirkung(en): ▪ Senkung der Bankgebühren

Notiz(en)/ Bemerkung(en):

| Realisierbar im eigenen Unternehmen? | ☐ ja   ☐ nein |

„Ja, ich möchte die Kosten senken – aber richtig!"

Maßnahme:	Zielgerichtetes Forderungsmanagement	Tipp-Nummer
		143

Aufwandskonto: 6750 – Kosten des Geldverkehrs

Erläuterungen zur Maßnahme:	Eine Senkung der offenen Posten wird bspw. forciert durch: • verbesserte Bonitätsprüfung vor jeder Auftragsannahme • Vereinbarung kurzfristiger Zahlungsbedingungen • Anbieten von Ratenzahlungen nur in Ausnahmefällen und nur unter Einbeziehung einer Mindestverzinsung • Einholung möglichst vieler Bankeinzugsermächtigungen und gleichzeitig regelmäßige Bankeinzüge • Erhebung von Mahngebühren und Verzugszinsen • regelmäßige Mahnläufe mit wirkungsvollen Mahnschreiben • ggf. Kreditlimit-Reduzierung bei kritischen Kunden • systematisches Telefoninkasso ab der 2. Mahnstufe • Setzen von Kunden-Auftragssperren nach der 3. Mahnung • Provisionsrückbelastung im Vertrieb, bei Forderungsausfall innerhalb der folgenden 12 Monate nach Vertragsabschluß (Siehe auch Maßnahme „Mahn- und Vollstreckungsbescheide zeitnah per Internet erlassen".)
Auswirkung(en):	• weniger Kosten für Zwischenfinanzierungen, Rechtsanwälte, Wertberichtigungen auf Forderungen • gestiegene Liquidität

**Notiz(en)/
Bemerkung(en):**

Realisierbar im eigenen Unternehmen?	☐ ja	☐ nein

„Ja, ich möchte die Kosten senken – aber richtig!"

Maßnahme:	Mahn- und Vollstreckungsbescheide zeitnah per Internet erlassen	Tipp-Nummer **144**

Aufwandskonto: 6750 – Kosten des Geldverkehrs

Erläuterungen zur Maßnahme:	Zunehmend können Mahn- und Vollstreckungsbescheide beim Zentralen Mahngericht (z.B. im Bundesland Bayern beim Amtsgericht Coburg) „papierfrei" über das Internet beantragt werden. Ein internetfähiger PC, eine digitale Signaturkarte mit Lesegerät, eine passende Mahnsoftware sind dabei die technischen Voraussetzungen. Bei diesem papierlosen Verfahren entfallen neben den eigentlichen Papierkosten auch Portokosten, Postlaufzeiten sowie manuelle Übertragungen vom PC auf Papier und umgekehrt. Zu diesen Kosteneinsparungen kommt auch noch eine Zeitersparnis, durch die ggf. eine entscheidende Verjährungshemmung noch rechtzeitig erwirkt werden kann. Fehler bei der Antragstellung und damit verbundene zeitaufwendige Monierungen des Mahngerichtes werden durch die integrierte Plausibilitätsprüfung ebenfalls vermieden. Mitteilungen vom Zentralen Mahngericht wie z.B. eine Widerspruchsnachricht an den Antragsteller werden auch online übermittelt.
Auswirkung(en):	- weniger Kosten für Zwischenfinanzierungen - Senkung der Papier- und Portokosten - Reduzierung des Personalaufwandes durch schnellere Prozesse - Zeitersparnis - hohe Übertragungssicherheit
	(Vgl. Augustin, 2005, a.a.O. , S. 46-47)
Notiz(en)/ Bemerkung(en):	

Realisierbar im eigenen Unternehmen?   ☐ ja   ☐ nein

„Ja, ich möchte die Kosten senken – aber richtig!"

		Tipp-Nummer
Maßnahme:	Factoring / Asset Backed Securities (ABS) - Finanzierungen	**145**

Aufwandskonto: 6750 – Kosten des Geldverkehrs

Erläuterungen zur Maßnahme:	Sowohl bei „Factoring" als auch bei „Asset Backed Securities-Finanzierungen" verkauft ein Unternehmen kostenpflichtig seine Forderungen aus Lieferungen und Leistungen an einen Dritten mit oder ohne Übernahme des Ausfallrisikos. Oft übernimmt der Dritte auch die Verwaltung des Forderungsbestandes. Die Liquidität und die Bilanzstruktur verbessert sich dabei beim verkaufenden Unternehmen kurzfristig spürbar. Ebenso minimiert sich u.U. das Forderungsausfallrisiko und die verbesserte Eigenkapitalrendite sorgt für eine bessere Bonitätsbeurteilung durch Dritte (Basel II). Eventuell vorhandene Kreditlinien werden entlastet bzw. können so für andere Zwecke genutzt werden. Factoring und ABS unterscheiden sich im Wesentlichen in der Form der Refinanzierung und damit in der praktischen Abwicklung.
Auswirkung(en):	<ul><li>die höhere Liquidität sorgt für einen geringeren Fremdkapitalbedarf (und somit niedrigere Zinsaufwendungen) sowie die Möglichkeit eigene Skontovorteile zu beanspruchen</li><li>verbesserte Bilanzstruktur und -kennzahlen sowie Bonität</li><li>Reduzierung mgl. Währungsrisiken und -schwankungen</li><li>keine bzw. geringere Kosten, aufgrund von Forderungsausfällen bei Übertragung des Bonitätsrisikos</li><li>Kostensenkungen durch weniger Verwaltungsaufwand</li></ul>*(Vgl. Müller, 2002, a.a.O. , S. 42)*
Notiz(en)/ Bemerkung(en):	

Realisierbar im eigenen Unternehmen?	☐ ja	☐ nein

„Ja, ich möchte die Kosten senken – aber richtig!"

Maßnahme:	Fremdkapitalbeschaffung über Bankkredit und/oder Mitarbeiterbeteiligung	Tipp-Nummer **146**

Aufwandskonto: 6750 – Kosten des Geldverkehrs

Erläuterungen zur Maßnahme:	Die Finanzierung, d.h. die Kapitalbeschaffung innerhalb eines Unternehmens beeinflusst, den Betriebserfolg. Aufgrund des „Leverage-Effektes" macht es durchaus Sinn, Fremdkapital einzusetzen. Danach erhöht sich die Eigenkapital-Rentabilität bei einer Erhöhung des Fremdkapitaleinsatzes solange, wie die Gesamtkapital-Rentabilität über dem Fremdkapitalzins liegt. Im Falle einer Fremdkapitalbeschaffung über einen „Bankkredit" sollten die Konditionen zwischen den Kreditinstituten unter Kostengesichtspunkten verglichen werden, um sich für die günstigsten Konditionen entscheiden zu können. Da es aufgrund der Basel II-Richtlinien u.U. schwierig ist, Kredite zu erhalten, kann auch die bankenunabhängige Möglichkeit einer „Mitarbeiterbeteiligung" (z.B. Mitarbeiterdarlehen) in Erwägung gezogen werden. Verschiedene Fremdkapitalkennziffern, wie Verschuldungsgrad und Deckungsgrad I/II, ermöglichen eine Bewertung der vorhandenen Kapitalstruktur im Unternehmen.
Auswirkung(en):	<ul><li>Senkung der Kosten zur Kapitalbeschaffung</li><li>höhere Eigenkapital-Rentabilität</li><li>im Rahmen einer Mitarbeiterbeteiligung erhöhte Mitarbeiter-Motivation</li></ul>

Notiz(en)/ Bemerkung(en):

Realisierbar im eigenen Unternehmen?	☐ ja	☐ nein

„Ja, ich möchte die Kosten senken – aber richtig!"

Maßnahme:	Rating-Ergebnis positiv beeinflussen	Tipp-Nummer 147

Aufwandskonto: 6750 – Kosten des Geldverkehrs

Erläuterungen zur Maßnahme: Die Kreditvergabe-Richtlinie Basel II regelt wie viel Eigenkapital die Bank selbst für jeden vergebenen Kredit hinterlegen muss. Je besser die Bonität des Kunden ist, desto geringer die Höhe des bankseitig zu hinterlegenden Eigenkapitals. Unternehmen mit guter Bonität bekommen daher leichter sowie günstiger Kredite und können somit ihre Zinsaufwendungen reduzieren. Die Bonität des Kunden wird dabei über ein sog. „Rating" objektiv bewertet. In die Bewertung fließen Kriterien, wie Unternehmensführung/Management, Personalwesen, Branchen- und Marktbetrachtungen, die Beziehung zwischen Bank und Kunde, Bilanzfaktoren und betriebswirtschaftliche Kennzahlen sowie die generelle Unternehmensentwicklung mit ein. Durch ein gezieltes Vorgehen kann der Unternehmer dieses Rating positiv beeinflussen (z.B. durch ein konsequentes Forderungsmanagement und mehr Leasing-Finanzierungen zur Liquiditätsverbesserung), um seine Kreditzinsen zu minimieren.

Auswirkung(en):
- bestmögliche Bonitätsbeurteilung durch Kreditinstitute und somit Senkung der Kosten zur Kapitalbeschaffung

Notiz(en)/ Bemerkung(en):

Realisierbar im eigenen Unternehmen? ☐ ja ☐ nein

„Ja, ich möchte die Kosten senken – aber richtig!"

Maßnahme:	Cash Management	Tipp-Nummer 148

Aufwandskonto: 6750 – Kosten des Geldverkehrs

57 .. – Sonstige Zinsen und ähnliche Erträge

Erläuterungen zur Maßnahme:	Cash Management umfasst alle Maßnahmen zur optimalen Liquiditätssteuerung eines Unternehmens. Vorrangige Ziele sind die Sicherung der Zahlungsfähigkeit und die gewinnbringende Finanzanlage von Zahlungsüberschüssen. Durch einen regelmäßigen Finanzplan (Auflistung aller künftigen Ausgaben und Einnahmen) können so die Ausgaben für mögliche Zinszahlungen (Kontokorrent-Zinsen) minimiert werden. Rentable Finanzanlagen sorgen für höhere sonstige Zinsen und ähnliche Erträge. Zur Unterstützung des Cash Managements stellen Banken ihren Firmenkunden mittlerweile elektronische „Cash Management-Systeme" zur Verfügung, wodurch bspw. alle Zahlungsbewegungen, Kontostände jederzeit online zur Verfügung stehen und damit wichtige Informationen für kurzfristige Finanzanlage- oder Kreditentscheidungen geliefert werden.
Auswirkung(en):	▪ Senkung der Zinsaufwendungen bzw. höhere sonstige Zinsen und ähnliche Erträge aus Geldanlagen ▪ Vermeidung/Senkung des Risikos der Zahlungsunfähigkeit
Notiz(en)/ Bemerkung(en):	

Realisierbar im eigenen Unternehmen? ☐ ja ☐ nein

„Ja, ich möchte die Kosten senken – aber richtig!"

Aufwendungen für die Inanspruchnahme von Rechten und Diensten

Maßnahme:	Cash Pooling	Tipp-Nummer **149**

Aufwandskonto:	6750 – Kosten des Geldverkehrs
	57.. – Sonstige Zinsen und ähnliche Erträge
Erläuterungen zur Maßnahme:	Beim „Cash Pooling" werden alle liquiden Mittel von Mutter- und Tochterunternehmen in einem zentralen Pool, dem sog. „Cash Pool", zusammengeführt. Die grundsätzliche Idee liegt in einem schnellen Liquiditätsausgleich zwischen allen Konzerngesellschaften. Durch diese Vorgehensweise benötigt der gesamte Konzern weniger Fremdkapital. Die verbesserte Bilanzstruktur führt zu besseren Bilanzkennzahlen und Rating-Einstufungen. Günstigere Konditionen am Kapitalmarkt und eine höhere Kreditlinie sind weitere positive Aspekte. Um sich gegen eine existenzbedrohende Sogwirkung, aufgrund von Insolvenz eines beteiligten Mutter- oder Tochterunternehmens, abzusichern, sollten die Töchter nur Zahlungen oberhalb des gebundenen Vermögens in den Cash Pool leisten. Auch sollten die Töchter im „Cash Pooling-Vertrag" ein Sonderkündigungsrecht vereinbaren, wenn entsprechende Konzernkennzahlen (z.B. Cash Flow) einen kritischen Wert erreicht haben.
Auswirkung(en):	<ul><li>optimales Liquiditätsmanagement</li><li>geringerer Fremdkapitalbedarf</li><li>Minimierung möglicher Finanzierungskosten</li><li>verbesserte Bilanzstruktur und -kennzahlen</li><li>höhere Kreditlinie</li><li>bessere Bonität und Konditionen</li><li>Maximierung von möglichen Kapitalerträgen</li><li>Reduzierung von Wechselkurs- und Währungsrisiken</li></ul>
	(Vgl. Katzensteiner, 2004, a.a.O. , S. 71-72)
Notiz(en)/ Bemerkung(en):	

Realisierbar im eigenen Unternehmen?	☐ ja ☐ nein

„Ja, ich möchte die Kosten senken – aber richtig!"

Maßnahme: Umschuldung bzw. Forward-Darlehen

Tipp-Nummer

150

Aufwandskonto: 6750 – Kosten des Geldverkehrs

57.. – Sonstige Zinsen und ähnliche Erträge

Erläuterungen zur Maßnahme: In Zeiten niedriger Zinsen kann es sich lohnen, einen bisherigen, teuren Kredit (z.B. Kontokorrentkredit) zu kündigen und umzuschulden, d.h. einen neuen Kredit aufzunehmen. Die Umschuldung kann dabei in eine andere Kreditart (z.B. Eurokredit) oder einen gleichartigen Kredit mit einem niedrigeren Zinssatz erfolgen. Falls jedoch die von der Bank verlangte „Vorfälligkeitsentschädigung" eine Umschuldung unwirtschaftlich erscheinen lässt, so sollte dann ggf. die Möglichkeit eines „Forward Darlehens" genutzt werden. Bei dieser Form der „Anschlussfinanzierung" vereinbaren Sie mit Ihrer Hausbank oder einem Bank-Mitbewerber ein Darlehen auf Vorrat. Bei dieser Variante läuft der bisherige Kredit ganz normal weiter. Für den neuen Kredit wird jedoch schon heute der Zinssatz und die Monatsrate definiert, lange bevor die Zinsbindung des alten Darlehens ausläuft. Bis zur Fälligkeit des neuen Darlehens verlangt die Bank pro Monat einen geringen Zinsaufschlag.

Auswirkung(en):
- Senkung der Zinsaufwendungen
- Erhöhung der Liquidität

Notiz(en)/ Bemerkung(en):

Realisierbar im eigenen Unternehmen? ☐ ja ☐ nein

„Ja, ich möchte die Kosten senken – aber richtig!"

Maßnahme:	Anzahlungen bei Lieferanten vermeiden	Tipp-Nummer **151**

Aufwandskonto: 6750 – Kosten des Geldverkehrs

57 .. – Sonstige Zinsen und ähnliche Erträge

Erläuterungen zur Maßnahme: Eine Anzahlung ist eine Vorleistung des Auftraggebers im Rahmen der Erstellung eines vereinbarten Vertragsgegenstandes. Jede Anzahlung mindert jedoch die Liquidität des Unternehmers und verursacht zusätzliche Kosten zur Zwischenfinanzierung bzw. verhindert u.U. Erträge aus einer möglichen Kapitalanlage.

Darüber hinaus besteht das Risiko, dass trotz Anzahlung, die Gegenleistung durch den Auftragnehmer mangelhaft oder gar nicht erbracht wird.

Aus diesem Grund sollten Anzahlungen möglichst vermieden werden.

Auswirkung(en):
- Senkung der Kosten für eine ggf. erforderliche Zwischenfinanzierung
- Erhöhung der eigenen Liquidität
- u.U. zusätzliche Kapitalerträge
- kein Risiko bei mangelhaftem oder vollständigem Ausbleiben der Lieferung und Leistung durch den Auftragnehmer

Notiz(en)/ Bemerkung(en):

Realisierbar im eigenen Unternehmen?	☐ ja	☐ nein

„Ja, ich möchte die Kosten senken – aber richtig!"

Maßnahme:	Guthaben einfordern	Tipp-Nummer
		152

Aufwandskonto: 6750 – Kosten des Geldverkehrs

57 .. – Sonstige Zinsen und ähnliche Erträge

Erläuterungen zur Maßnahme:	Zur Erhöhung der eigenen Liquidität bzw. zur Vermeidung von zusätzlichen Kosten zur Zwischenfinanzierung sollte jedes Unternehmen mögliche eigene Guthaben bei Lieferanten einfordern bzw. sich zurück überweisen lassen. Durch Gutschriften und Umsatzrückvergütungen oder aufgrund von Doppelzahlungen (z.B. zusätzliche Überweisung, trotz erteilter Bankeinzugsermächtigung) fallen immer wieder Guthaben an, die oft „vergessen" werden. Nach Ablauf der Verjährungsfrist besteht die Gefahr, dass derartige Beträge vom Lieferanten „stillschweigend vereinnahmt" werden.

Auswirkung(en):
- erhöhte Liquidität und somit geringere Kosten für ggf. erforderliche Zwischenfinanzierungen
- Vermeidung von Forderungsausfällen, aufgrund gesetzlicher Verjährungsfristen

Notiz(en)/ Bemerkung(en):

Realisierbar im eigenen Unternehmen? ☐ ja ☐ nein

„Ja, ich möchte die Kosten senken – aber richtig!"

Maßnahme:	Senkung der Kassen- bzw. Bargeldbestände	**Tipp-Nummer** 153

Aufwandskonto: 6750 – Kosten des Geldverkehrs

57.. – Sonstige Zinsen und ähnliche Erträge

Erläuterungen zur Maßnahme: Jedes Unternehmen braucht für kurzfristige und kleinere Bareinzahlungen sowie -auszahlungen eine (Bargeld-)Kasse. Jedoch muss die Anzahl der Kassen im Unternehmen und auch die Höhe der Bargeldbestände in diesen Kassen entsprechend dem Bedarf angepasst bzw. minimiert werden. Ziel muss sein, dass die über einen definierten Mindestbestand hinausgehenden Bargeldbestände gewinnbringend am Kapitalmarkt angelegt werden.

Um die Anzahl an Barauszahlungs-Transaktionen reduzieren zu können bzw. zur Senkung des Mindestbestandes sollte darauf geachtet werden, dass fällige Verbindlichkeiten (Lieferantenrechnungen, Reisekostenabrechnungen von Mitarbeitern etc.) ausschließlich überwiesen werden.

Auswirkung(en):
- Erträge aus gewinnbringenden Kapitalanlagen
- Minimierung von Kosten, die durch strafrechtliche Zugriffe (Einbruch, Diebstahl) auf den Bargeldbestand entstehen
- geringere Kosten für Zwischenfinanzierungen (z.B. Zinsen für einen Kontokorrentkredit)

Notiz(en)/ Bemerkung(en):

Realisierbar im eigenen Unternehmen?	☐ ja	☐ nein

„Ja, ich möchte die Kosten senken – aber richtig!"

| Maßnahme: | Optimale Ausnutzung von Zahlungszielen | Tipp-Nummer 154 |

Aufwandskonto: 6750 – Kosten des Geldverkehrs

Erläuterungen zur Maßnahme: Lieferanten und Kunden vereinbaren im Rahmen eines jeden Geschäftes immer ein Zahlungsziel (z.B. 30 Tage netto, 14 Tage 2% Skonto). Der Lieferant strebt dabei immer einen kurzfristigen Zahlungseingang an, wohingegen der Kunde die fällige Zahlung soweit wie möglich verzögern möchte. Aus Liquiditätsgründen und zur Vermeidung mgl. Zwischenfinanzierungskosten (z.B. Zinsen) sollte der Kunde jede Zahlungsfrist optimal ausnutzen. Daher ist im Einzelfall immer zu prüfen, ob es bspw. günstiger ist, ein Zahlungsziel von 30 Tagen in Anspruch zu nehmen, als 2% Skontoabzug bei Zahlung innerhalb von 14 Tagen, wenn für diese „vorzeitige" Zahlung ein höher verzinster Kontokorrentkredit aufgenommen oder z.T. beansprucht werden müsste.

Auswirkung(en):
- Erhöhung der Liquidität auf Kundenseite
- geringere Kosten für Zwischenfinanzierungen (z.B. Zinsen für einen Kontokorrentkredit)

Notiz(en)/ Bemerkung(en):

Realisierbar im eigenen Unternehmen? ☐ ja ☐ nein

„Ja, ich möchte die Kosten senken – aber richtig!"

Maßnahme:	Wechsel-Scheck-Verfahren (Umkehrwechsel)	Tipp-Nummer **155**

Aufwandskonto: 6750 – Kosten des Geldverkehrs

Erläuterungen zur Maßnahme:	Um hohe Kosten eines Kontokorrentkredites zu vermeiden, bietet sich das sog. „Wechsel-Scheck-Verfahren" (WSV) an. Dabei zahlt der Käufer einer Lieferung/Leistung sofort per Scheck unter Abzug des vereinbarten Skontos. Parallel dazu lässt er vom Lieferanten einen Wechsel (auch „Umkehrwechsel" genannt) auf sich ziehen, akzeptiert diesen und lässt ihn anschließend von seiner Bank diskontieren. Aufgrund dieses Verfahrens erhält der Käufer einen günstigeren Kredit und kann Skontovorteile nutzen. Natürlich muss der Käufer bei Fälligkeit des Akzeptes den Wechselbetrag zur Einlösung termingerecht zur Verfügung stellen. Das WSV setzt eine vertrauensvolle Geschäftsbeziehung zwischen Kunde und Lieferant voraus, da das Risiko des WSV eindeutig beim Lieferanten liegt.
Auswirkung(en):	<ul><li>Senkung der Bankgebühren, aufgrund günstiger Kreditnebenkosten (beim Käufer)</li><li>günstigerer Bezug der Lieferung/Leistung, aufgrund des Skontovorteils</li><li>Erhöhung der Liquidität auf Käuferseite</li></ul>

(Vgl. Santura, 2001, a.a.O., S. 24)

Notiz(en)/ Bemerkung(en):

Realisierbar im eigenen Unternehmen? ☐ ja ☐ nein

„Ja, ich möchte die Kosten senken – aber richtig!"

Maßnahme:	Schnelle, fehlerfreie und vollständige Rechnungstellung (Faktura)	Tipp-Nummer 156

Aufwandskonto: 6750 – Kosten des Geldverkehrs

Erläuterungen zur Maßnahme:	Um nach erbrachter Leistung kurzfristig die kostendeckende Vergütung erhalten zu können, ist eine schnelle, fehlerfreie Rechnungstellung erforderlich. Mittlerweile wird dieser Vorgang oft durch den Einsatz der EDV und darin abgebildeter Workflowprozesse unterstützt. Diese Workflowprozesse ermöglichen eine effiziente und möglichst fehlerfreie Abarbeitung aller anfallenden Tätigkeiten in der richtigen Reihenfolge. Darüber hinaus sollte in periodischen Abständen eine Innenrevision stattfinden, d.h. eine Prüfung, ob alle erbrachten Leistungen in der Vergangenheit richtig und vollständig abgerechnet wurden. Im Zusammenhang mit der Rechnungstellung ist darauf zu achten, dass auch wirklich immer jede Dienstleistung z.B. von Außendienst-Technikern berechnet wird (mögliches Anreizsystem: Provision in Abhängigkeit der berechneten Stunden).

Auswirkung(en):	<ul><li>Senkung von Kosten zur Zwischenfinanzierung des erforderlichen Kapitalbedarfes</li><li>Erhöhung der Liquidität</li><li>Vermeidung von Forderungsausfällen, aufgrund gesetzlicher Verjährungsfristen</li></ul>

Notiz(en)/ Bemerkung(en):	

Realisierbar im eigenen Unternehmen?	☐ ja ☐ nein

„Ja, ich möchte die Kosten senken – aber richtig!"

Maßnahme:	Ggf. Umsatzsteuer-Istversteuerung, statt Sollversteuerung	Tipp-Nummer 157

Aufwandskonto: 6750 – Kosten des Geldverkehrs

Erläuterungen zur Maßnahme:	I.d.R. erfolgt die Umsatzbesteuerung nach vereinbarten Entgelten (Sollversteuerung), d.h. die Umsatzsteuer entsteht bereits mit Ablauf des USt.-Voranmeldezeitraums, in welchem die Lieferung/Leistung erbracht wurde. Ob der Kunde schon gezahlt hat, spielt dabei keine Rolle. Soweit vom Unternehmer die Voraussetzungen des § 20 Abs. 1 UStG erfüllt werden, kann eine Besteuerung nach vereinnahmten Entgelten (Istversteuerung) erfolgen. In diesem Fall entsteht die Steuer und damit die Zahllast an das Finanzamt erst mit Ablauf des USt.-Voranmeldezeitraums, in welchem der tatsächliche Zahlungseingang erfolgte. Wenn der Unternehmer eine der Voraussetzungen des § 20 Abs. 1 UStG erfüllt (bspw. als Angehöriger eines freien Berufes (z.B. Architekt)), dann sollte er diesen Liquiditätsvorteil unbedingt nutzen.
Auswirkung(en):	- Erhöhung der Liquidität - geringere Kosten für Zwischenfinanzierungen (z.B. Zinsen für einen Kontokorrentkredit)

(Vgl. Zischka, 2003, a.a.O., S. 801-803)

Notiz(en)/ Bemerkung(en):

Realisierbar im eigenen Unternehmen?	☐ ja	☐ nein

„Ja, ich möchte die Kosten senken – aber richtig!"

Maßnahme:	Mediation	Tipp-Nummer
		158

Aufwandskonto: 6770 – Rechts- und Beratungskosten

Erläuterungen zur Maßnahme:	Zur Lösung von Konflikten bzw. Streitschlichtung bietet sich Mediation an. Mediation ist ein effizientes Konfliktlösungsmodell zur freiwilligen, außergerichtlichen Streitbeilegung zwischen möglichen Streitparteien, wie z.B. Arbeitgeber und Arbeitnehmer. Mit Hilfe eines neutralen Dritten, dem Mediator, suchen die Konfliktpartner eigenverantwortlich und konstruktiv, in unförmlicher Atmosphäre nach einer gemeinsamen Lösung, die beide Seiten zufrieden stellt. Der Mediator hat dabei keine Entscheidungs- oder Zwangsgewalt. Voraussetzung für erfolgreiche Mediation ist die grundsätzliche Einigungsbereitschaft der Parteien. Durch Mediation lassen sich i.d.R. gerichtliche Auseinandersetzungen und damit verbundene hohe Anwalts- und Gerichtskosten vermeiden.
Auswirkung(en):	<ul><li>kostengünstige Streitbeilegung durch Vermeidung hoher Anwalts- und Gerichtskosten</li><li>Lösungen können schnell und vertraulich erarbeitet werden</li><li>Aufrechterhaltung möglicher Geschäftsbeziehungen</li><li>Leistungssteigerung durch zeitnahe Beseitigung schwebender Konflikte (verbessertes Betriebsklima, Konzentration auf das Tagesgeschäft, Planungssicherheit)</li><li>beidseitige Kompromissfindung führt zur „win-win"-Situation</li><li>Änderung der zukünftigen Konfliktkultur</li></ul>
Notiz(en)/ Bemerkung(en):	

Realisierbar im eigenen Unternehmen?	☐ ja	☐ nein

„Ja, ich möchte die Kosten senken – aber richtig!"

Maßnahme:	Umweltmanagement	Tipp-Nummer 159

Aufwandskonto: 6780 – Entsorgungskosten

Erläuterungen zur Maßnahme:	Durch eine zielgerichtete Vermeidung, Trennung und Entsorgung von Abfall lassen sich Entsorgungskosten sparen. Dazu zählt bspw. die Entwicklung von reparaturfreundlichen, wiederverwendbaren Produkten mit geringer, kostengünstiger, umweltfreundlicher Verpackung genauso, wie das Forcieren einer sortenreinen Abfalltrennung und -sammlung ggf. durch ein Mitarbeiter-Anreizsystem. Ebenso die Vermarktung der gesammelten Abfälle (über Abfall- und Recyclingbörsen) oder deren kostenlose Abholung unterstützen den Kostensparkurs. Darüber hinaus müssen Lieferanten zur Verpackungsmaterial-Rücknahme gleich bei Anlieferungen angewiesen werden, ggf. sollte eine kostenreduzierende Komprimierung des Abfallvolumens mit einer Ballenpresse erfolgen und ökologische Kennzahlen (z.B. Abfallkosten pro Umsatz) im Controlling berücksichtigt werden.

Auswirkung(en):
- Senkung der Entsorgungskosten
- Reduzierung der Umweltbelastung

Notiz(en)/ Bemerkung(en):

Realisierbar im eigenen Unternehmen?	☐ ja	☐ nein

„Ja, ich möchte die Kosten senken – aber richtig!"

		Tipp-Nummer
Maßnahme:	Verschenken statt Entsorgen	**160**

Aufwandskonto: 6780 – Entsorgungskosten

Erläuterungen zur Maßnahme:	Das Entsorgen von alten, bereits abgeschriebenen Wirtschaftsgütern (z.B. alter Schreibtisch, PC) ist mit relativ hohen Entsorgungskosten verbunden. Aus diesem Grund sollte daran gedacht werden, dass oft das eine oder andere ausgediente Wirtschaftsgut gern kostenlos von diversen Interessenten übernommen bzw. weitergenutzt werden würde. Daher ist das Verschenken oft günstiger, als das Entsorgen. Dabei ist darauf zu achten, dass das Objekt nahezu vollständig abgeschrieben ist bzw. nur einen geringen Marktwert besitzt, um die bei einer Sachspende leider abzuführende Umsatzsteuer zu minimieren bzw. zu vermeiden.
Auswirkung(en):	▪ Senkung der Entsorgungskosten
Notiz(en)/ Bemerkung(en):	

Realisierbar im eigenen Unternehmen?	☐ ja	☐ nein

„Ja, ich möchte die Kosten senken – aber richtig!"

Maßnahme:	Kostengünstige Aktenvernichtung	Tipp-Nummer **161**

Aufwandskonto: 6780 – Entsorgungskosten

Erläuterungen zur Maßnahme:	Unter Beachtung der steuerlichen Aufbewahrungsfristen sowie des Bundesdatenschutzgesetzes ist eine Vernichtung von alten bzw. nicht mehr benötigten Geschäftsunterlagen erforderlich. Im Rahmen dieser Aktenvernichtung entstehen Kosten, die minimiert werden sollten. So ist bspw. eine ganzjährige, kostenpflichtige Anmietung von Sicherheitsboxen zum Sammeln von Altakten ungünstig, da i.d.R. einmal im Jahr, meist zum Beginn eines neuen Geschäftsjahres, eine Aktualisierung des Archivs und damit auch Aktenvernichtung stattfindet. Auch die Anschaffung eines maschinellen Aktenvernichters, der eine hausinterne Aktenvernichtung bspw. in auftragsschwachen Zeiten ermöglicht, lässt den Kostenaufwand minimieren. Gut erhaltene Ordner aus alten, nicht mehr aufbewahrungspflichtigen Jahrgängen sollten dabei weiterverwendet werden. U.U. kann es auch wirtschaftlicher sein, einen externen, mobilen Dienstleister mit der ordnungsgemäßen Aktenvernichtung vor Ort zu beauftragen.
Auswirkung(en):	• Senkung der Entsorgungskosten

Notiz(en)/ Bemerkung(en):

Realisierbar im eigenen Unternehmen?	☐ ja ☐ nein

„Ja, ich möchte die Kosten senken – aber richtig!"

Maßnahme:	Externes IT-Recycling	Tipp-Nummer **162**

Aufwandskonto: 6780 – Entsorgungskosten

Erläuterungen zur Maßnahme:	Viele Unternehmen entsorgen ihr altes EDV-Equipment oft über Entsorgungsunternehmen und zahlen hohe Recyclinggebühren, geben es unter Wert an Mitarbeiter ab oder verschenken es. Eine Alternative dazu stellt ein externes IT-Recycling dar. Dabei wird das gebrauchte EDV-Equipment von einem Dienstleister verpackt, abtransportiert, gereinigt und geprüft. Nach dem unwiederbringlichen Löschen der Daten werden diese Systeme zu günstigen Preisen weiterverkauft. I.d.R. werden dem Auftraggeber für das Entsorgen keine Kosten berechnet. Vielmehr erhält der Kunde u.U. sogar eine Beteiligung am Vermarktungserlös des Dienstleisters, deren Höhe jedoch Verhandlungssache ist.
Auswirkung(en):	- Senkung der Entsorgungskosten - Senkung der Personal- und Prozesskosten im Zusammenhang mit der Entsorgung - ggf. Umsatzerlöse aus der anschließenden Gebrauchtgeräte-Vermarktung
Notiz(en)/ Bemerkung(en):	

Realisierbar im eigenen Unternehmen?		☐ ja	☐ nein

„Ja, ich möchte die Kosten senken – aber richtig!"

2.9 Aufwendungen für Kommunikation

In dieser Kontengruppe werden die folgenden Kostenarten verbucht:

Kontengruppe 68

Kontonummer	Bezeichnung
6800	Büromaterial
6810	Zeitungen, Zeitschriften und Fachliteratur
6820	Porto und Kommunikationsgebühren (Telefon, Telefax, Internet)
6850	Reisekosten
6851	Aufwendungen für Firmenfahrzeuge
6860	Bewirtung und Präsentation
6870	Marketing / Werbung
6880	Spenden

(Vgl. Schmolke/Deitermann, 2002, a.a.O., Anhang)

Grundsätzlich ist eine Reduzierung aller dieser Kosten anzustreben. Die folgenden Maßnahmen zur Senkung dieser Kosten sind jedoch besonders hervorzuheben.

„Ja, ich möchte die Kosten senken – aber richtig!"

Maßnahme:	Büromaterialverbrauch minimieren	Tipp-Nummer 163

Aufwandskonto: 6800 – Büromaterial

Erläuterungen zur Maßnahme:	Folgende Maßnahmen reduzieren die Büromaterialkosten: • Lieferantenauswahl nach bestem Preis-/Leistungsverhältnis • Beschränkung von Art und Vielfalt des Büromaterials • Visitenkarten nur für Mitarbeiter mit externen Kontakten • Büromaterial-Ausgabe nur gegen Ausgabebeleg (Formular mit Angabe des Namens und der Kostenstelle) und nur zu definierten Ausgabezeiten; keine „Selbstbedienung" rund um die Uhr • „Schmierpapier" sammeln und zum internen Verbrauch verwenden (bspw. aus Fehlkopien) • Alt-Ordner-Verwendung (bspw. aus alten Archiv-Jahrgang) • Farbkopierer und -drucker standardmäßig auf den Schwarz/Weiß-Modus einstellen, um die Anzahl an kostenintensiven farbigen Kopien und Ausdrucken zu begrenzen • keine übermäßig farbige Gestaltung von Präsentationen, um farbigen Toner für Kopierer/Drucker zu sparen
Auswirkung(en):	• Senkung der Büromaterialkosten • Einsparung von Prozesskosten (Wege- und Wartezeiten)

Notiz(en)/ Bemerkung(en):

Realisierbar im eigenen Unternehmen?	☐ ja	☐ nein

„Ja, ich möchte die Kosten senken – aber richtig!"

Maßnahme:	Papierverbrauch einschränken sowie zweckmäßiger Papiereinsatz	Tipp-Nummer **164**

Aufwandskonto: 6800 – Büromaterial

Erläuterungen zur Maßnahme:	Neben dem kostenbewussten Papiereinkauf (z.B. Recyclingpapier) und einem sparsamen Verbrauch (z.B. mgl. beidseitiges Drucken/Kopieren; kein unnötiges Ausdrucken von E-Mails) sollte die verwendete Papierart auf den Einsatzzweck (z.B. interne Korrespondenz, Angebote) und die eingesetzten Geräte (Drucker, Kopierer usw.) abgestimmt werden. So ist zu vermeiden, dass interne Dokumente (z.B. Listen) auf teurem Briefbogenpapier (mit Firmenlogo) ausgedruckt werden. Darüber hinaus haben Papiergewicht, Wölbung, Abrieb, Faserlaufrichtung und Feuchtigkeit einen erheblichen Einfluss auf die Wartungsintervalle und Lebensdauer eines Gerätes. So wird z.B. die Gerätemechanik von einem hohen Abrieb beeinträchtigt. Daher sollten die Geräteherstellerangaben hinsichtlich der empfohlenen Papierqualität eingehalten werden. Scheinbar kostengünstiges Papier könnte sonst zu erhöhten Reparaturkosten und in der Summe zu höheren Gesamtkosten führen.
Auswirkung(en):	<ul><li>Senkung bzw. Optimierung der Papierkosten</li><li>weniger Wartungs- und Reparaturkosten zur Beseitigung von Gerätestörungen</li><li>Zeitersparnis bzw. keine Zeitverzögerungen, aufgrund weniger Störungen</li><li>höhere Umweltfreundlichkeit</li></ul>

(Vgl. Mannschatz, 2003, a.a.O., S. 44-48)

Notiz(en)/ Bemerkung(en):

Realisierbar im eigenen Unternehmen?	☐ ja	☐ nein

„Ja, ich möchte die Kosten senken – aber richtig!"

Maßnahme:	Geschäftspapier-Vorlage	Tipp-Nummer 165

Aufwandskonto: 6800 – Büromaterial

Erläuterungen zur Maßnahme:	Im Rahmen der allgemeinen Geschäftskorrespondenz benötigt jedes Unternehmen ausreichend Brief- bzw. Geschäftspapier. Zu diesem Zweck werden häufig für jede einzelne Niederlassung größere Mengen über eine Druckerei angeschafft. Dabei gibt es oft immer eine 1. Geschäftspapierseite mit dem Firmenlogo und indiv. Unternehmensangaben (Adresse, Bankverbindung etc.) und eine 2. Geschäftspapierseite, auf welcher ausschließlich das Firmenlogo abgedruckt ist. Eine Alternative zur 1. Seite ist die Verwendung einer „Geschäftspapiervorlage" in einem Textverarbeitungsprogramm, die in der Kopf- und Fußzeile die Inhalte der bisherigen 1. Seite enthält. Dadurch ist nur noch die Beschaffung der universal einsetzbaren 2. Seite, die nur das Firmenlogo enthält, über eine Druckerei erforderlich. Der Beschaffung einer 1. Seite, die auch oft Änderungen unterliegt, entfällt somit. Darüber hinaus wirkt sich die höhere Auflagenhöhe positiv auf Preisverhandlungen mit der Druckerei aus.
Auswirkung(en):	• Senkung der Büromaterialkosten (Druckkosten für Geschäftspapier)

Notiz(en)/ Bemerkung(en):

Realisierbar im eigenen Unternehmen?	☐ ja	☐ nein

„Ja, ich möchte die Kosten senken – aber richtig!"

Maßnahme:	Druckkosten via Output-Management reduzieren	Tipp-Nummer **166**

Aufwandskonto: 6800 – Büromaterial

Erläuterungen zur Maßnahme:	„Output-Management" heißt, dass die gesamte Prozesskette im Zusammenhang mit dem Drucken im Unternehmen analysiert wird. Nachdem die Seitenpreise und die Auslastung pro Gerät ermittelt wurden, ergeben sich oft Druckkostensparpotenziale: • Drucksysteme mit niedrigeren Seitenpreisen stärker nutzen, als Geräte mit höheren Seitenpreisen (Auslastung verteilen) • Tintenstrahldrucker gegen Laserdrucker austauschen • Altgeräte durch neue Modelle ersetzen, da diese oft weniger Verbrauchsmaterial-, Strom-, Wartungskosten verursachen • ggf. Einsatz von Multifunktionsgeräten zum Drucken, Faxen, Kopieren und Scannen, da diese vielseitiger einsetzbar und kostengünstiger sind sowie optimaler ausgelastet werden • zentrale und günstige Verbrauchsmaterialbeschaffung • Vermeidung von unnötigen Ausdrucken (z.B. jede E-Mail) • über die Druckertreiber genau definieren, welche Mitarbeiter farbig bzw. nur in schwarz/weiß ausdrucken dürfen
Auswirkung(en):	• Senkung der Kosten, die im Zusammenhang mit dem Drucken stehen (Verbrauchsmaterial (Toner, Tinte, Papier), Hardware, Wartung, Strom, Netzwerkverwaltung, Prozesskosten)

(Vgl. Buchner, 2003, a.a.O., S. 78-79)

Notiz(en)/ Bemerkung(en):

Realisierbar im eigenen Unternehmen?		☐ ja	☐ nein

„Ja, ich möchte die Kosten senken – aber richtig!"

Maßnahme:	Elektronisches Formular-Management	Tipp-Nummer **167**

Aufwandskonto: 6800 – Büromaterial

Erläuterungen zur Maßnahme:	Vorgedruckte Formulare gibt es in nahezu jedem Unternehmen. Da hohe Druckauflagen den Einzelpreis senken, werden oft große Mengen bestellt, die jedoch zusätzliche Lagerkapazitäten erfordern. Hinzu kommen das Beschaffen, Verteilen, manuelle Ausfüllen und Sortieren dieser Formulare. Häufig müssen leider große Mengen dieser „gelagerten" Formulare vernichtet werden, weil sich das bisherige Formular nur geringfügig geändert hat (bspw. wg. einem neuen Geschäftsführer). Eine kostensparende Alternative ist dabei das sog. „elektronische Formular-Management". Dabei wird unabhängig von einer ggf. bereits vorhandenen Anwendungssoftware eine weitere Software eingesetzt, die alle Formulare in elektronischer Form enthält und anhand der entsprechenden Druckdaten das gewünschte Formular erst im Bedarfsfall (sortiert) ausdruckt. (Siehe auch Maßnahme „Geschäftspapier-Vorlage".)
Auswirkung(en):	▪ Senkung der Büromaterialkosten (Druckkosten für Formulare/Durchschlagsformulare) ▪ Kostenersparnis (Personal-, Portokosten), da das Ausfüllen, Verteilen (auch extern) und Sortieren elektronisch erfolgt ▪ kein Lager für vorgedruckte Formulare mehr erforderlich ▪ Optimierung der vorhandenen EDV-Umgebung im Unternehmen (bspw. durch den Austausch geräuschintensiver und unwirtschaftlicher Nadeldrucker)

(Vgl. Minolta, 2000, a.a.O., S. 1ff)

Notiz(en)/ Bemerkung(en):

Realisierbar im eigenen Unternehmen?	☐ ja	☐ nein

„Ja, ich möchte die Kosten senken – aber richtig!"

Maßnahme:	Lohnzettelgestaltung und -verteilung	Tipp-Nummer **168**

Aufwandskonto: 6800 – Büromaterial

6820 – Porto und Kommunikationsgebühren

Erläuterungen zur Maßnahme: Zwecks der Lohn- und Gehaltsabrechnung erhält jeder Mitarbeiter monatlich einen Lohnzettel. Bei der Gestaltung und Verteilung dieser Lohnzettel lassen sich Kosten senken. Dies beginnt damit, dass die Lohnzettel nicht in einer eingeschweißten, kostenintensiven Sicherheitspapier-Ummantelung verteilt werden. Vielmehr reicht ein undurchsichtiger Briefumschlag mit einem Hinweis zur Vertraulichkeit des Inhaltes. Eine Zusendung per Post sollte nur dann an Mitarbeiter erfolgen, wenn der betreffende Mitarbeiter im Außendienst tätig oder aufgrund von Urlaub oder Krankheit abwesend ist. Andernfalls ist eine „kostenlose", persönliche Übergabe des Lohnzettels die günstigere Alternative. Eine elektronische Verteilung des Lohnzettels wird in naher Zukunft weiteres Kosteneinsparpotenzial generieren. Zur Gewinnung zusätzlicher Einnahmen kann, auf der meist leeren Rückseite des Lohnzettels, Werbung von Fremdfirmen aufgedruckt werden.

Auswirkung(en):
- Senkung der Kosten für die Lohnzettelgestaltung (Büromaterial)
- niedrigere Porto-Kosten
- ggf. zusätzliche Werbeeinnahmen

Notiz(en)/ Bemerkung(en):

Realisierbar im eigenen Unternehmen?	☐ ja	☐ nein

„Ja, ich möchte die Kosten senken – aber richtig!"

Maßnahme:	Kundenformulare auf eigener Website ablegen	Tipp-Nummer **169**

Aufwandskonto: 6800 – Büromaterial

6820 – Porto und Kommunikationsgebühren

Erläuterungen zur Maßnahme:	Im allgemeinen Geschäftsverkehr mit Kunden werden in vielen Unternehmen verschiedenste Formulare (z.B. Bestellformulare) eingesetzt. Oft liegen diese Formulare in Papierform vor und werden dem Kunden im Bedarfsfall mehr oder weniger zeitnah auf dem Postweg zugeschickt. Da nahezu jedes Unternehmen mittlerweile über eine eigene Website verfügt, bietet es sich an, diese Formulare „online abrufbar" im Internet zu hinterlegen. Somit hat der Kunde die Möglichkeit, sich jederzeit das gewünschte Formular herunterzuladen. Damit entfallen Porto- und Prozesskosten für den bisherigen Versand der Papierformulare und den Kunden erreicht innerhalb kurzer Zeit das benötigte Formular. Auch fehlerhafte Zusendungen (z.B. aufgrund von Missverständnissen) werden unterbunden.
Auswirkung(en):	• Senkung der Druckkosten für Formulare (Büromaterial) • keine Porto- und Prozesskosten für den Versand von Papierformularen • fehlerfreie Zusendung/Auswahl des gewünschten Formulars • schnelle Verfügbarkeit des Formulars beim Kunden • i.d.R. sind die hinterlegten Formulare auch online ausfüllbar, wodurch Inhalts- und Formvorschriften besser eingehalten werden können und u.U. eine elektronische, kurzfristige Weiterverarbeitung der Daten ermöglicht wird
Notiz(en)/ Bemerkung(en):	

Realisierbar im eigenen Unternehmen?	☐ ja	☐ nein

„Ja, ich möchte die Kosten senken – aber richtig!"

Maßnahme:	Kündigung unnötiger, kostenpflichtiger Abonnements	Tipp-Nummer **170**

Aufwandskonto: 6810 – Zeitungen, Zeitschriften und Fachliteratur

Erläuterungen zur Maßnahme:	Den Kosten für Fachliteratur und -zeitschriften sollte auch die Aufmerksamkeit geschenkt werden. Eine Prüfung und ggf. anschließende Kündigung von unnötigen, kostenpflichtigen Zeitungs-/ Loseblatt-/ Sammel- und Ratgeberabonnements lässt diese Kosten senken. Oft werden Zeitschriften auch mehrfach abonniert. Eine zentrale Stelle im Unternehmen, an der Fachliteratur und -zeitschriften ausgeliehen werden können, wäre eine praktikable Lösung. Darüber hinaus sollten auch alternative Informationsquellen, wie Internet und automatische E-Mail-Newsletter genutzt werden.
Auswirkung(en):	• Senkung der Kosten für Fachliteratur und -zeitschriften
Notiz(en)/ Bemerkung(en):	

Realisierbar im eigenen Unternehmen?		☐ ja	☐ nein

„Ja, ich möchte die Kosten senken – aber richtig!"

Maßnahme:	Mehr Telefaxsendungen und E-Mails, statt herkömmlicher Papier-Briefe	Tipp-Nummer **171**

Aufwandskonto: 6820 – Porto und Kommunikationsgebühren

(Telefon, Telefax, Internet)

Erläuterungen zur Maßnahme:	Das Übermitteln von Informationen kann, statt in der herkömmlichen Papier-Briefform, oft wesentlich effizienter per Telefax oder E-Mail erfolgen. Ein Faxgerät und eine Internet-/E-Mail-Anbindung gehören heute zur Grundausstattung eines jeden Unternehmens. Jedem Mitarbeiter muss bewusst sein, dass Informationen schneller und i.d.R. wesentlich kostengünstiger über diese Kommunikationsmedien ausgetauscht werden können. In diesem Zusammenhang sollte auch über eine in den PC integrierte Faxlösung nachgedacht werden, da sich durch diese u.a. die Qualität der gesendeten Dokumente verbessert und eine mgl. Weiterverarbeitung erleichtert wird. Ebenso ist die Bedienung schneller, weil kostenintensive Wege- und Wartezeiten im Zusammenhang mit der Bedienung entfallen.
Auswirkung(en):	- Senkung der Portokosten - Senkung der Personal- und Prozesskosten, da bspw. Wege- und Wartezeiten entfallen - Senkung der Büromaterialkosten (Briefpapier, Kuverts)

(Vgl. Strauß, 1995, a.a.O. , S. 102-105)

Notiz(en)/ Bemerkung(en):

Realisierbar im eigenen Unternehmen?	☐ ja	☐ nein

„Ja, ich möchte die Kosten senken – aber richtig!"

Maßnahme:	Portokosten optimieren	Tipp-Nummer 172

Aufwandskonto: 6820 – Porto und Kommunikationsgebühren

(Telefon, Telefax, Internet)

Erläuterungen zur Maßnahme:	Möglichkeiten zur Optimierung der Portokosten sind: - eine Sammelsendung pro Tag, statt einem Empfänger täglich mehrere einzelne Briefe zuzustellen - mehrere inhaltsgleiche Sendungen als „Infobrief" verschicken, da der Stückpreis für Infobriefe erheblich unter dem eines Standardbriefes liegt - Ausnutzung des möglichen Briefgewichtes; so können z.B. in einem Standardbrief (bis 20g) bis zu 4 Seiten A4 (80g/m²) versendet werden; in diesem Zusammenhang bietet sich oft die „kostenlose" Beilage eines Werbeprospektes an - terminlich nicht dringende Sachen können auch gesammelt werden und z.B. nur einmal pro Woche verschickt werden - statt einem separaten Brief könnte u.U. jeder Lieferung gleich die dazugehörige Rechnung beigelegt werden - laufende Rechnungen (z.B. Mietpauschalen) sollten mgl. in großen Abrechnungszyklen im voraus verschickt werden
Auswirkung(en):	- Senkung der Portokosten

Notiz(en)/ Bemerkung(en):

Realisierbar im eigenen Unternehmen?	☐ ja	☐ nein

„Ja, ich möchte die Kosten senken – aber richtig!"

Maßnahme: Adressen-Dubletten vermeiden

Tipp-Nummer: 173

Aufwandskonto: 6820 – Porto und Kommunikationsgebühren

(Telefon, Telefax, Internet)

Erläuterungen zur Maßnahme:	Mehrfach vorhandene und/oder falsch geschriebene Adressen führen zu Mehrfachansprachen, zusätzlichen Kosten (z.B. Porto, Büromaterial im Rahmen von Mailing-Aktionen) und letztendlich zu verärgerten Kunden und Geschäftspartnern. Aus diesem Grund ist es zwingend erforderlich, Dubletten zu vermeiden. Eine der wichtigsten Maßnahmen ist dabei die Speicherung und permanente Aktualisierung von Daten in einer zentralen Datenbank, um Redundanzen (Mehrfachspeicherungen) und Inkonsistenzen (widersprüchliche Daten) zu unterbinden. Darüber hinaus sind regelmäßige Dubletten-Prüfungen innerhalb der Datenbank notwendig.

Auswirkung(en):
- Senkung von Zusatzkosten für Porto und Büromaterial
- höhere Kundenzufriedenheit, da Mehrfachansprachen unterbleiben
- Einsparung von Speicherplatz

Notiz(en)/ Bemerkung(en):

Realisierbar im eigenen Unternehmen? ☐ ja ☐ nein

„Ja, ich möchte die Kosten senken – aber richtig!"

Maßnahme:	Sparsames Telefonieren	Tipp-Nummer **174**

Aufwandskonto: 6820 – Porto und Kommunikationsgebühren
(Telefon, Telefax, Internet)

Erläuterungen zur Maßnahme: Maßnahmen zur Senkung der Telekommunikationskosten sind:
- Telefongesprächsdauer optimieren (ausreichende Gesprächsvorbereitung / „auf den Punkt kommen")
- Fax-Seiten in kostensparendem Layout (keine Graustufen, kein Recyclingpapier, keine großen Schriften/Grafiken)
- Telefongesellschaft mit bestem Preis-/Leistungsverhältnis nutzen (auch Call-by-Call- und Flatrate-Angebote prüfen); ggf. mit Hilfe eines „Least-Cost-Routers" ermitteln
- soweit möglich, tariflich günstigsten Zeitpunkt für zeitaufwendige Telefonate/Übertragungen wählen (z.B. umfangreiche, zeitversetzte Fax-Sendung zum Nachttarif)
- private Telefongespräche einschränken oder berechnen (Ermittlung über bestimmte Vorwahlziffer)
- Reduzierung der Handy-Anzahl / ggf. Pool-Handy
- Tele-Auskünfte kostengünstig via Internet einholen
- IP-Telefonie einsetzen (d.h. Telefonieren via Datenleitung)

Auswirkung(en):
- Senkung der Telekommunikationskosten
- Senkung der Personalkosten, wenn bspw. die Telefongesprächsdauer optimiert wird und mehr Zeit für das übrige Tagesgeschäft bleibt

Notiz(en)/ Bemerkung(en):

Realisierbar im eigenen Unternehmen?   ☐ ja   ☐ nein

„Ja, ich möchte die Kosten senken – aber richtig!"

Maßnahme:	Vorwahlsperren am Telefon und Telefax	Tipp-Nummer 175

Aufwandskonto:	6820 – Porto und Kommunikationsgebühren (Telefon, Telefax, Internet)
Erläuterungen zur Maßnahme:	In Deutschland gibt es eine Vielzahl von kostenpflichtigen Service-Rufnummern. Bei den 0180-Nummern teilen sich Anrufer und Anbieter die Kosten eines jeden Anrufes. Im Falle von 0900-Nummern (früher 0190) zahlt der Anrufer neben den Verbindungskosten auch noch für die Inanspruchnahme einer bestimmten Leistung. Da durch die Anwahl dieser Nummern zum Teil erhebliche Kosten für das Unternehmen entstehen, ist zu überlegen, ob diese Vorwahlen und natürlich auch Auslandsvorwahlen über die Telefonanlage auf allen oder bestimmten Nebenstellen gesperrt werden. So macht es bspw. Sinn, eine Freischaltung für Auslandsvorwahlen nur für Nebenstellen der Geschäftsleitung zu erteilen, wenn Auslandsgespräche seitens der Mitarbeiter nur selten geführt werden müssen. Falls im Einzelfall doch Auslandsgespräche durch Mitarbeiter betrieblich erforderlich sind, so muss dann einer der freigeschalteten Anschlüsse genutzt werden.
Auswirkung(en):	- Senkung der der Telekommunikationskosten - keine missbräuchliche Anwahl von kostenpflichtigen Dienstleistern und Auslandsverbindungen

Notiz(en)/
Bemerkung(en):

Realisierbar im eigenen Unternehmen?	☐ ja	☐ nein

„Ja, ich möchte die Kosten senken – aber richtig!"

Maßnahme:	Effiziente Internet-Nutzung	Tipp-Nummer **176**

Aufwandskonto: 6820 – Porto und Kommunikationsgebühren

(Telefon, Telefax, Internet)

Erläuterungen zur Maßnahme: Die Internet-Nutzung ist bekanntlich auch mit nicht zu unterschätzenden Kosten verbunden. Maßnahmen zur Senkung der unmittelbaren Kosten sind:

- Nutzung einer schnellen Zugangstechnik (z.b. via DSL)
- passende Provider- und Tarifauswahl entsprechend dem regelmäßigen Nutzungsumfang und -zeitpunkt (z.b. durch Vereinbarung einer Flatrate)
- Einblendung von Werbung (Bannerwerbung) während des Surfens tolerieren, um zusätzlich kostendeckende Einnahmen zu generieren

Da die Internet-Nutzung zu privaten Zwecken, während der Arbeitszeit, die Produktivität mindert und Personalkosten verursacht, sollte u.U. der private Gebrauch des Internets eingeschränkt werden. Dazu bietet sich bspw. eine entsprechende Klausel in Arbeitsverträgen an.

Auswirkung(en):
- Senkung der direkten (Verbindungskosten) und indirekten (Personalkosten) Internet-Kosten
- Steigerung der Produktivität

Notiz(en)/ Bemerkung(en):

Realisierbar im eigenen Unternehmen?	☐ ja	☐ nein

„Ja, ich möchte die Kosten senken – aber richtig!"

Maßnahme:	Virtual Private Network (VPN)	Tipp-Nummer **177**

Aufwandskonto: 6820 – Porto und Kommunikationsgebühren
(Telefon, Telefax, Internet)

Erläuterungen zur Maßnahme: Fast jedes größere Unternehmen verfügt über mehrere Standorte und damit die Notwendigkeit des Austausches von internen, z.T. sehr vertraulichen Informationen. In vielen Fällen erfolgt der Datenaustausch über das permanente Anmieten von Standleitungen, die auch bei Nichtnutzung hohe Kosten verursachen. Ein Alternative dazu ist ein sog. „Virtual Private Network" (VPN). Ein VPN ist ein geschlossenes, privates Teilnetz, innerhalb des schon vorhandenen und für jeden zugänglichen öffentlichen Wählnetzes, in dem verschiedene Firmenstandorte schnell, kostengünstig und sicher ihre Daten austauschen können. Sie basieren auf dem Internet Protokoll (IP), wobei der Zugang bspw. über einen einfachen ISDN-/DSL-Anschluss erfolgen kann. VPN's helfen Telearbeitsplätze zu realisieren.

Auswirkung(en):
- Senkung der Telekommunikationskosten, da hohe Mieten für Standleitungen entfallen
- höhere Übertragungssicherheit bei sensiblen Daten

Notiz(en)/ Bemerkung(en):

Realisierbar im eigenen Unternehmen? ☐ ja ☐ nein

„Ja, ich möchte die Kosten senken – aber richtig!"

Maßnahme:	Videokonferenzen durchführen	Tipp-Nummer 178

Aufwandskonto: 6850 – Reisekosten

Erläuterungen zur Maßnahme:	Zur Reduzierung der Reisekosten kann die Durchführung von regelmäßigen Videokonferenzen beitragen. Bei einer Videokonferenz treffen sich die Gesprächspartner zu einem bestimmten Zeitpunkt an verschiedenen Orten (ggf. sogar weltweit) und kommunizieren per Videotechnik miteinander. Die Anschaffungskosten, im Zusammenhang mit der Schaffung der technischen Voraussetzungen, haben sich in den letzten Jahren drastisch verringert, so dass sich auch für kleinere und mittlere Unternehmen derartige Investitionen schon nach kurzer Zeit amortisieren. Videokonferenzen können für Besprechungen, Beratungsgespräche und Schulungen genutzt werden. Zeit- und reisekostenintensive Dienstreisen werden so auf ein Mindestmaß reduziert.

Auswirkung(en):	• Senkung der Reisekosten • Zeitersparnis führt zu weniger Personalkosten bzw. zu einer stärkeren Focusierung auf die eigentliche Tätigkeit (Kernkompetenz)

Notiz(en)/ Bemerkung(en):

Realisierbar im eigenen Unternehmen?	☐ ja	☐ nein

„Ja, ich möchte die Kosten senken – aber richtig!"

Maßnahme:	Reisekosten-Richtlinie einführen	Tipp-Nummer
		179

Aufwandskonto: 6850 – Reisekosten

Erläuterungen zur Maßnahme:	Um die Reisekosten senken zu können, sollte es in jedem Unternehmen eine „Reisekosten-Richtlinie" geben. Dadurch wird unmissverständlich geregelt, wer auf welche Art und Weise reisen darf (z.B. Hotelkategorie) und welche Kosten dabei ersetzt werden. Sinnvolle, kostensparende Reglementierungen könnten sein: • Dienstreisen, mit mehr als 200 km Wegstrecke, nur mit einem Mietwagen oder ggf. vorhandenem Poolfahrzeug erlauben (statt Privat-Pkw) • bei tagesgleichem Ziel Pkw-Fahrgemeinschaften bilden • frühestmögliche Buchung von Flügen und Zugfahrten • Zeitpunkt von mehrtägigen Dienstreisen möglichst nicht an Orte legen, an denen in diesem Moment Messen oder Tagungen stattfinden (aufgrund überhöhter „Messepreise" für Übernachtungen) • Business-Class-Flüge nur zu Übersee-Zielen ermöglichen
Auswirkung(en):	• Senkung der Reisekosten • klare, gerechte Regelungen für alle Mitarbeiter

Notiz(en)/ Bemerkung(en):

Realisierbar im eigenen Unternehmen?	☐ ja	☐ nein

„Ja, ich möchte die Kosten senken – aber richtig!"

Maßnahme:	Verwendung von Business-Karten	Tipp-Nummer 180

Aufwandskonto: 6850 – Reisekosten

Erläuterungen zur Maßnahme:	Neben den eigentlichen Reisekosten verursacht auch die Organisation, die Genehmigung durch den Vorgesetzten und die nachfolgende Abrechnung dieser betrieblichen Reisetätigkeit z.T. enorme Kosten. Der Einsatz von „Business-Karten" hilft diese Kosten zu reduzieren. Business-Karten beinhalten nicht nur eine Kreditkartenfunktion, sondern auch Serviceleistungen. Mit derartigen „Plastikkarten" lassen sich kostensparend ganze Reisen organisieren. Die auf den jeweiligen Mitarbeiter ausgestellte Karte ermöglicht eine mtl. Kostenstellen-Abrechnung. Neben einer klaren Zurechnung aller angefallenen Kosten (z.B. auf Projekte) wird auf einen Blick erkennbar, welche Anbieter für Hotel, Mietwagen, Flüge usw. wie oft genutzt werden. Diese historischen Informationen können dann Grundlage für zukünftige Rabatt-/Bonus-Verhandlungen sein.
Auswirkung(en):	<ul><li>Senkung der Reisekosten</li><li>Senkung der Prozesskosten</li><li>verbessertes Kosten-Controlling durch klare Kostenstellen- und Kostenträgerrechnung</li></ul>

(Vgl. Lawrenz, 2001, a.a.O., S. 18-19)

Notiz(en)/ Bemerkung(en):

Realisierbar im eigenen Unternehmen?	☐ ja ☐ nein

„Ja, ich möchte die Kosten senken – aber richtig!"

| **Maßnahme:** | Online-Buchungssysteme einsetzen | Tipp-Nummer **181** |

Aufwandskonto: 6850 – Reisekosten

Erläuterungen zur Maßnahme: In den letzten Jahren gewinnt die Online-Buchung über das Internet zunehmend an Bedeutung. Kleineren und mittelständischen Unternehmen, die i.d.R. keine eigene Reisestelle unterhalten, ermöglicht dieses System eine verbesserte Reiseorganisation und Buchung. Mit Hilfe eines durchdachten Berechtigungskonzeptes kann bei jeder Online-Buchung die Einhaltung der individuellen Reisekosten-Richtlinie systemseitig geprüft und ggf. eingeschränkt werden. Dies könnte z.B. der Fall sein, wenn ein Mitarbeiter für einen innerdeutschen Flug eine Business-Class-Buchung vornehmen möchte und damit gegen eine Reisekosten-Richtlinie verstoßen würde.
Die Buchungsbestätigung erfolgt ebenfalls „papierlos" per E-Mail oder SMS. Darüber hinaus kann das Buchungssystem zu bevorzugende Anbieter, aufgrund einer kostensparenden Rabatt-/Bonus-Vereinbarung, im Vorfeld favorisieren.

Auswirkung(en):
- Senkung der Reisekosten
- Senkung der Prozesskosten
- verbesserte Einhaltung einer mgl. Reisekosten-Richtlinie
- verbessertes Kosten-Controlling

(Vgl. Lawrenz, 2001, a.a.O., S. 19)

Notiz(en)/ Bemerkung(en):

Realisierbar im eigenen Unternehmen? ☐ ja ☐ nein

„Ja, ich möchte die Kosten senken – aber richtig!"

		Tipp-Nummer
Maßnahme:	Kooperationsvereinbarung mit Reisebüroketten	**182**

Aufwandskonto: 6850 – Reisekosten

Erläuterungen zur Maßnahme:	Zur Abrechnung zwischen Reisebüroketten und Unternehmen gibt es verschiedene vertragliche Vereinbarungstypen. Dazu zählen das sog. „Kickback"-, das „Management Fee"-, das „Transaction Fee"- und das „Saving Incentives"-Modell, die alle den Kostensparkurs eines jeden Unternehmens unterstützen. So definieren z.B. beim „Transaction Fee"-Modell Reisebüro und Unternehmen vorab feste, möglichst niedrige Transaktions-Gebühren für jede Reisebürotätigkeit (z.B. Ausstellung von Fahrkarten, Stornierungen, Umbuchungen usw.), die dann pro Transaktion vom Unternehmen ans Reisebüro gezahlt werden. Im Gegenzug erhält der Kunde ggf. angefallene Provisionen, die dem Reisebüro, aufgrund der jeweiligen Kundenumsätze, gutgeschrieben wurden. Beim „Saving Incentives"-Modell hingegen wird das Reisebüro an erreichten Reise-Kosten-Einsparungen beteiligt und damit zu einer kostenbewussten Recherche hinsichtlich des günstigsten Anbieters motiviert.
Auswirkung(en):	<ul><li>Senkung der Reisekosten</li><li>höhere Kostentransparenz</li><li>verbesserte Analyse des Reiseverhaltens der einzelnen Abteilungen, d.h. „unorganisierte" Mitarbeiter, die häufig umbuchen bzw. stornieren und damit höhere Kosten verursachen, werden leichter ermittelt und können zu einer besseren Eigenorganisation diszipliniert werden</li></ul>

Notiz(en)/ Bemerkung(en):

Realisierbar im eigenen Unternehmen?	☐ ja	☐ nein

„Ja, ich möchte die Kosten senken – aber richtig!"

Maßnahme:	Hotelprogramme nutzen	Tipp-Nummer **183**

Aufwandskonto: 6850 – Reisekosten

Erläuterungen zur Maßnahme:	Selbst bei Vorliegen einer unternehmensweiten Reisekosten-Richtlinien, wird dem Thema „Hotelreservierung" meist wenig Bedeutung beigemessen. Viele Unternehmen schließen Einzelverträge mit Hotelketten ab. Diese erwirken jedoch, aufgrund des zu geringen Übernachtungs-Aufkommens, oft nur geringe wirtschaftliche Vorteile und garantieren weder feste Preise noch Verfügbarkeit. Neben den Übernachtungskosten verursacht auch der eigentliche Reservierungsvorgang nicht zu unterschätzende Kosten (Telekommunikation, Arbeitszeit). Abhilfe bieten da sog. „Hotelprogramme", die eine kostengünstige Online-Buchung sowie deutlich niedrigere Preise für garantierte Zimmerbuchungen anbieten. Buchung und Einkauf erfolgen damit in einem Geschäftsprozess. Hotelprogramme werden von Reisebüroketten und spezialisierten Dienstleistern angeboten.
Auswirkung(en):	• Senkung der Reisekosten (Übernachtungskosten) • Reduzierung der Prozesskosten, d.h. der Kosten, die durch die Buchung, Umbuchung, Stornierung entstehen • verbesserte Einhaltung einer ggf. vorhandenen Reisekosten-Richtlinie, da diese auch in dem Online-Buchungssystem gespeichert werden kann und dann bei jeder Buchung automatisch ein Abgleich stattfinden würde • garantierte Zimmerbuchung *(Vgl. Pütz-Willems, 1999, a.a.O. , S. 102-112)*
Notiz(en)/ Bemerkung(en):	

Realisierbar im eigenen Unternehmen?		☐ ja	☐ nein

„Ja, ich möchte die Kosten senken – aber richtig!"

Maßnahme:	Möbliertes Zimmer statt Hotel	Tipp-Nummer 184

Aufwandskonto: 6850 – Reisekosten

Erläuterungen zur Maßnahme: Im Zusammenhang mit längerfristigen Dienst- bzw. Geschäftsreisen fallen i.d.R. erhebliche Hotelkosten an. In den Fällen, in denen der Mitarbeiter oder der Unternehmer selbst über einen längeren Zeitraum an einem gleichen Einsatzort fürs Unternehmen tätig ist, bietet sich die Anmietung eines möblierten Zimmers an. Selbst wenn Sonderkonditionen mit dem Hotel vereinbart wurden, so ist dies oft eine lukrative Alternative. Die Kosten, die im Zusammenhang mit Übernachtungen anfallen, können so reduziert werden.

Auswirkung(en):
- Senkung der Reisekosten (Übernachtungskosten)

Notiz(en)/ Bemerkung(en):

Realisierbar im eigenen Unternehmen?	☐ ja	☐ nein

„Ja, ich möchte die Kosten senken – aber richtig!"

Maßnahme:	Auf Auslandsspesen gezahlte Umsatzsteuer zurückfordern	Tipp-Nummer **185**

Aufwandskonto: 6850 – Reisekosten

Erläuterungen zur Maßnahme:	Auch die Reisekosten, die auf einer Auslandsreise entstanden sind, wurden mit der jeweilig landesüblichen Umsatzsteuer belastet. Aus diesen Auslandspesen können sich i.M. deutsche Unternehmer jedoch keinerlei Vorsteuer ziehen. Viele Unternehmen vergessen leider oft, dass diese gezahlten Steuern von den Behörden des Reiselandes z.T. zurückgefordert werden können. Die Adressen sind über die Bundesstelle für Außenhandelsinformationen erhältlich. Neben einem Antragsformular müssen die Originalbelege, eine Unternehmerbescheinigung des Finanzamtes und eine Beleg-Gesamtübersicht i.d.R. innerhalb einer Frist von drei bis sechs Monaten vorgelegt werden. Wem dies zu aufwendig ist, der kann dafür natürlich einen kostenpflichtigen Dienstleister in Anspruch nehmen.

Auswirkung(en):	• Senkung der Reisekosten

(Vgl. Kreß, 1994, a.a.O., S. 70-71)

Notiz(en)/ Bemerkung(en):

Realisierbar im eigenen Unternehmen?	☐ ja	☐ nein

„Ja, ich möchte die Kosten senken – aber richtig!"

Maßnahme:	Wirtschaftlicher Fuhrpark	Tipp-Nummer **186**

Aufwandskonto: 6851 – Aufwendungen für Firmenfahrzeuge

Erläuterungen zur Maßnahme:	Maßnahmen zum Abbau von Fuhrparkkosten sind z.b. der Einsatz von Diesel- statt Benzinfahrzeugen, eine Privat-Kilometer-Begrenzung und die Anschaffung ausschließlich zweckmäßiger, kostengünstiger Fahrzeuge. Dabei muss die Fahrzeugauswahl und -ausstattung nicht nur unter Kostensichtspunkten, sondern auch im Hinblick auf den Wiederverkaufspreis, getroffen werden. Ebenso ist auch an eine generelle Reduzierung der Pkw-Anzahl zu denken. Eine verringerte Anzahl an Fahrzeugen, die nur aufgrund einer Funktion dem Mitarbeiter gewährt werden und damit in keinem Zusammenhang zur betrieblichen Tätigkeit stehen, könnte dazu beitragen. Bei nur zeitweiser bzw. unregelmäßiger Nutzung senkt auch der Einsatz von „Poolfahrzeugen", die von mehreren Mitarbeitern genutzt werden können, die Kosten signifikant. Um Zeit und Kosten zu senken, kann man ggf. den Fuhrpark von Fremddienstleistern managen lassen. (Siehe Maßnahme „Fuhrpark-Management".)
Auswirkung(en):	- Senkung der Fahrzeugkosten - anschaffungsgünstige, firmeneigene Pkw's, die auch privat genutzt werden, tragen auch zu einer Senkung der Kosten bei, die im Zusammenhang mit der Versteuerung der privaten Nutzung (Sachbezug) entstehen

Notiz(en)/ Bemerkung(en):

Realisierbar im eigenen Unternehmen?	☐ ja	☐ nein

„Ja, ich möchte die Kosten senken – aber richtig!"

Maßnahme: Fuhrpark-Management	**Tipp-Nummer** **187**

Aufwandskonto: 6851 – Aufwendungen für Firmenfahrzeuge

Erläuterungen zur Maßnahme:	Im Sinne einer effizienten Fahrzeugnutzung und -auslastung zählen die kurzfristige Fahrzeugbeschaffung, Finanzierung, Versicherung, Instandhaltung/Instandsetzung, Pflege, Kraftstoffmanagement, regelmäßiges Fuhrpark-Controlling, 24-Stunden-Pannenservice, Mietwagenservice und anschließende Gebrauchtfahrzeugevermarktung zu den Schwerpunkten des Fuhrpark-Managements. Diese Tätigkeiten können in Eigenregie oder aus Zeit- und Kostengründen durch professionelle, externe Dienstleister ausgeführt werden. Externe Fuhrpark-Dienstleister bieten ihren Service häufig in Verbindung mit einer Leasingfinanzierung an. Viele Fuhrparkmanager offerieren mittlerweile auch via Internet ein webbasiertes Berichtswesen. Damit erhalten die internen bzw. externen Kunden die Möglichkeit, transparente und aktuelle Informationen im Bedarfsfall online abzurufen. „Ausreißer" bspw. im Kraftstoffverbrauch werden umgehend erkannt.
Auswirkung(en):	• Senkung der Fahrzeugkosten • niedriger Verwaltungsaufwand und damit Senkung weiterer Kosten, wie Personalkosten, Raummiete usw. • durch gezieltes „Fuhrpark-Controlling" hohe Kostentransparenz und frühzeitige Gegensteuerungs-Möglichkeit • bei Leasingfinanzierungen befindet sich die Flotte i.d.R. auf dem neuesten Technikstand; hinzu kommen die betriebswirtschaftlichen Vorteile des Leasings *(Vgl. Hartmann, 1999, a.a.O., S. 16 / Vgl. Moll, 2001, a.a.O., S. 20-22)*
Notiz(en)/ Bemerkung(en):	

Realisierbar im eigenen Unternehmen?	☐ ja ☐ nein

„Ja, ich möchte die Kosten senken – aber richtig!"

Aufwendungen für Kommunikation 211

Maßnahme:	Genereller Umgang mit Firmenfahrzeugen	Tipp-Nummer 188

Aufwandskonto: 6851 – Aufwendungen für Firmenfahrzeuge

Erläuterungen zur Maßnahme: Leider gibt es in fast jedem Unternehmen rücksichtslose Firmenwagenbesitzer, die nicht sorgfältig und kostenbewusst mit diesem Firmeneigentum umgehen. Folgende Maßnahmen können dies kurzfristig ändern:
- Einführung eines Prämiensystems für unfallfreies und kraftstoffsparendes Fahren
- Besuch von Seminaren bei Automobilclubs zum Thema „unfallfreie und kraftstoffsparende Fahrweise"
- rücksichtsvollen Umgang, regelmäßige Inspektionen, Pflege mit einer „Dienstwagenrichtlinie" anordnen (unter Androhung arbeitsrechtlicher Konsequenzen bei Verstößen)
- regelmäßige Fahrzeugüberprüfung durch den Vorgesetzten incl. Führerscheinkontrolle
- Einführung einer Mitarbeiter-Schadensselbstbeteiligung

Auswirkung(en):
- Senkung der Fahrzeugkosten

Notiz(en)/ Bemerkung(en):

Realisierbar im eigenen Unternehmen?	☐ ja	☐ nein

„Ja, ich möchte die Kosten senken – aber richtig!"

Maßnahme:	Nur gezielte Marketing- bzw. Werbemaßnahmen einleiten	Tipp-Nummer **189**

Aufwandskonto: 6870 – Marketing / Werbung

Erläuterungen zur Maßnahme: Die Ausgaben für Marketing/Werbung in Krisenzeiten ganz zu reduzieren ist falsch, da eine sinnvolle Marketingstrategie und eine effiziente Werbung ein Ausweg aus der Krise sein kann. Dennoch sollte man sich fragen, ob bisherige, u.U. teure Werbeaktivitäten erfolgreich waren. Oder kann man mit weniger, aber besserer Werbung, mehr erreichen? Erfolgt eine professionelle Mediaplanung, um eine Verschwendung von Werbebudgets zu verhindern? Werden Werbemittel (z.B. Streugeschenke, Prospekte, Imagebroschüren) in zu großen Mengen und zu teuer eingekauft? Anstelle einen externen Dienstleister mit der Ausarbeitung/Ideenfindung für eine neue Werbemaßnahme zu beauftragen, kann u.U. die Kreativität der eigenen Mitarbeiter genutzt werden (Ideenwettbewerb). Kundenbewirtung und Kundengeschenke sollten sich auf die wirklich wichtigen Kunden beschränken.

Auswirkung(en):
- Senkung der Kosten für Marketing/Werbung
- weniger Entsorgungskosten für veraltete Prospekte und Imagebroschüren

Notiz(en)/ Bemerkung(en):

Realisierbar im eigenen Unternehmen? ☐ ja ☐ nein

„Ja, ich möchte die Kosten senken – aber richtig!"

Maßnahme:	Kostengünstige Marktforschung und Markterkundung	Tipp-Nummer 190

Aufwandskonto: 6870 – Marketing / Werbung

Erläuterungen zur Maßnahme:	Das primäre Anliegen der Marktforschung und -erkundung besteht darin, Informationen über alle Unternehmensmärkte zu gewinnen, um möglichen Risiken rechtzeitig zu begegnen. Die Informationsgewinnung kann dabei durch Analyse von vorhandenem Quellenmaterial (Sekundärmaterial) und durch gezielte Erhebungen (Primärmaterial) erfolgen. Unter Kostengesichtspunkten sollte zunächst versucht werden, innerbetriebliches sowie außerbetriebliches Sekundärmaterial zu nutzen. Möglichkeiten sind z.B. die Auswertung eigener Daten (aus dem Controlling, von Messebesuchen, aus Reklamationen, aus dem Online-Verhalten auf der Website etc.) und die einfache Recherche über Internet-Suchmaschinen (z.B. zur Konkurrenzanalyse). Ein Beispiel für eine kostengünstige Gewinnung von Primärmaterial ist die Online-Marktforschung, bei der z.B. durch Online-Fragebögen auf der eigenen Website oder den Versand von E-Mail-Fragebögen gezielt Informationen erhoben werden.
Auswirkung(en):	▪ Senkung der Kosten für Marktforschung ▪ erfolgreicher Absatz ▪ frühzeitiges Erkennen von Marktrisiken und -entwicklungen

Notiz(en)/ Bemerkung(en):

Realisierbar im eigenen Unternehmen?	☐ ja	☐ nein

„Ja, ich möchte die Kosten senken – aber richtig!"

Maßnahme:	Messe-Effizienz verbessern	Tipp-Nummer **191**

Aufwandskonto: 6870 – Marketing / Werbung

Erläuterungen zur Maßnahme:	Zur Verbesserung der Messe-Effizienz bieten sich folgende Maßnahmen an: • eine Messeteilnahme sollte grundsätzlich nur dann erfolgen, wenn betriebswirtschaftliche Vorteile zu erwarten sind (Kosten-Nutzen-Analyse im Vorfeld eines Messeauftritts) • Ausarbeitung eines klaren Messekonzeptes mit sorgfältiger, strukturierter Planung und Umsetzung • Sonderkonditionen beim Messeveranstalter vereinbaren • Reduzierung der Standgröße durch bspw. den Einsatz alternativer, platzsparender Präsentationsformen wie Video, Bilder und Charts, anstelle jedes Produkt zu zeigen • Gemeinschaftsstand mit Partnerunternehmen (Synergie) • Messestand-Miete, statt eigenem Messestand-Kauf • wirtschaftlicher Messebau (z.B. durch günstige Materialien) • gezielte Kunden-Einladungsaktion vor Messebeginn • ausreichendes, qualifiziertes und motiviertes Standpersonal
Auswirkung(en):	• Senkung der Kosten, die im Zusammenhang mit einem Messeauftritt entstehen • höchstmöglicher Nutzen durch die Messeteilnahme
	(Vgl. Ernst, 2004, a.a.O., S. 46-48)
Notiz(en)/ Bemerkung(en):	

Realisierbar im eigenen Unternehmen?		☐ ja	☐ nein

„Ja, ich möchte die Kosten senken – aber richtig!"

Maßnahme:	Database Marketing	Tipp-Nummer 192

Aufwandskonto: 6870 – Marketing / Werbung

Erläuterungen zur Maßnahme:	Database Marketing ist ein Marketing auf Basis kundenindividueller, in einer Datenbank gespeicherter Informationen. Ein Vorteil von Database Marketing ist das Kosteneinsparungspotenzial. So werden zielgerichtete Marketingaktivitäten von der indiv. Kundenbedeutung abhängig gemacht. Dadurch werden z.B. kostenintensive Außendienstbesuche auf die wichtigen Kunden beschränkt und weniger ertragreiche Kunden z.B. nur per Telefonkontakt betreut. Ebenso unterstützt Database Marketing die effiziente Konzeption und Abwicklung von Aktionen (z.B. Mailingaktionen). Auch die Minimierung von „Streuverlusten" durch eine genaue Zielgruppenbestimmung und -betreuung ist in diesem Zusammenhang zu nennen (Streuverluste, sind unnötige Kosten aufgrund erfolgloser Werbung.). Database Marketing erhöht auch die Kundenbindung.
Auswirkung(en):	• Senkung der Marketingkosten • zielgerichtete, erfolgreiche Marketingaktionen • erhöhte Kundenbindung

(Vgl. Link/Hildebrand, 1993, a.a.O., S. 30, 88f)

Notiz(en)/ Bemerkung(en):

Realisierbar im eigenen Unternehmen?	☐ ja ☐ nein

„Ja, ich möchte die Kosten senken – aber richtig!"

Maßnahme:	Verbundwerbung	Tipp-Nummer 193

Aufwandskonto: 6870 – Marketing / Werbung

Erläuterungen zur Maßnahme: Bei der Verbundwerbung schließen sich mehrere Unternehmen zu einer gemeinsamen Werbeaktion zusammen. Bei dieser Art der Direktwerbung werden die individuellen Angebote an eine bestimmte Zielgruppe zusammengefasst, um effizient Interessenten und Neukunden zu gewinnen. Übliche Formen der Verbundwerbung sind:

- Postkartenwerbung / Postkarten-Booklet
- Anzeigen-Magazine
- Coupon-Anzeigen
- personalisierte Mailings
- Internet-Angebote

Auswirkung(en):
- verringerte Planungs- und Mediakosten
- geringere Produktionskosten (Druck, Verarbeitung)
- günstigere Adressbeschaffung
- niedrigere Distributionskosten (Versand, Porto)
- i.d.R. höhere Auflage und damit erhöhte Wahrnehmung durch die Zielgruppe
- Gewinnung von Neukunden

Notiz(en)/ Bemerkung(en):

Realisierbar im eigenen Unternehmen? ☐ ja ☐ nein

„Ja, ich möchte die Kosten senken – aber richtig!"

Maßnahme:	Weniger Spenden und Sponsoring	Tipp-Nummer **194**

Aufwandskonto:	6870 – Marketing / Werbung
	6880 – Spenden

Erläuterungen zur Maßnahme:	Abziehbare Spenden zur Förderung bestimmter Einrichtungen sind nur bis zu einem bestimmten Höchstbetrag abzugsfähig. Aus diesen Grund sollte darauf geachtet werden, dass diese Höchstbeträge nicht überschritten werden. Um die Spenden als Sonderausgaben abziehen zu können, muss der Begünstigte eine Zuwendungsbestätigung dem Unternehmen ausstellen. Darüber hinaus sollten möglichst nur Geldspenden, statt Sachspenden geleistet werden. Grund hierfür ist, dass seit 01.04.1999 jede Sachspende einer Lieferung gegen Entgelt gleichgestellt ist und damit Umsatzsteuer anfällt. Bei schlechter betriebswirtschaftlicher Situation muss leider auch eine Einstellung sämtlicher Spenden in Erwägung gezogen werden. Natürlich sollte auch über die Einschränkung von öffentlichkeitswirksamen Sponsoring-Maßnahmen nachgedacht werden, auch wenn sie uneingeschränkt als Betriebsausgabe abzugsfähig sind, jedoch spürbare wirtschaftliche Vorteile ausbleiben.
Auswirkung(en):	▪ Senkung der Kosten für Spenden und Sponsoring ▪ Vermeidung von umsatzsteuerpflichtigen Sachspenden

Notiz(en)/ Bemerkung(en):

Realisierbar im eigenen Unternehmen?	☐ ja	☐ nein

„Ja, ich möchte die Kosten senken – aber richtig!"

2.10 Aufwendungen für Beiträge und Sonstiges sowie Wertkorrekturen und periodenfremde Aufwendungen

In dieser Kontengruppe werden die folgenden Kostenarten verbucht:

Kontengruppe 69

Kontonummer	Bezeichnung
6900	Versicherungsbeiträge
6920	Beiträge zu Wirtschaftsverbänden und Berufsvertretungen
6930	Verluste aus Schadensfällen
6940	Sonstige Aufwendungen
6950	Abschreibungen auf Forderungen
6951	Abschreibungen auf Forderungen wegen Uneinbringlichkeit
6952	Einstellungen in Einzelwertberichtigung
6953	Einstellungen in Pauschalwertberichtigung
6960	Verluste aus dem Abgang von Vermögensgegenständen
6979	Anlagenabgänge
6980	Zuführungen zu Rückstellungen für Gewährleistungsansprüche
6990	Periodenfremde Aufwendungen

(Vgl. Schmolke/Deitermann, 2002, a.a.O., Anhang)

Grundsätzlich ist eine Reduzierung aller dieser Kosten anzustreben. Die folgenden Maßnahmen zur Senkung dieser Kosten sind jedoch besonders hervorzuheben.

„Ja, ich möchte die Kosten senken – aber richtig!"

Maßnahme:	Überprüfung und Anpassung der Versicherungsprämien	Tipp-Nummer **195**

Aufwandskonto: 6900 – Versicherungsbeiträge

Erläuterungen zur Maßnahme:	Jedes Unternehmen sollte sich zwingend gegenüber diversen Risiken (Brand, Diebstahl, Elementarschäden, Vandalismus etc.) versichern. Dazu zählt i.d.R. eine Betriebshaftpflichtversicherung (zur Deckung mgl. Personen- und Sachschäden an Dritten durch den Geschäftsbetrieb), eine Betriebsunterbrechungsversicherung (zur Deckung von Schäden durch Arbeitsausfall), eine Inventarversicherung (zur Deckung von Sachschäden am Eigentum) und ggf. eine Elektronikversicherung (zur Deckung von Schäden an elektrischen Geräten). Trotz dieser dringenden betrieblichen Notwendigkeit sollte die Höhe der Versicherungssumme bzw. -prämie sowie die Leistung im Schadensfall regelmäßig geprüft, mit Mitbewerbern verglichen und ggf. angepasst werden. Eine Erhöhung der Eigenbeteiligung im Schadensfall, ein positiver Schadenverlauf in der Vergangenheit, keine Doppelversicherung von gleichen Risiken in mehreren Policen wirken sich ebenfalls prämienmindernd aus.
Auswirkung(en):	<ul><li>Senkung der Kosten für Versicherungsprämien</li><li>ausreichende Risikoabsicherung zur Vermeidung von Kosten, die im Schadensfall, aufgrund einer fehlenden Deckungszusage, zu 100% vom Unternehmen selbst getragen werden müssten</li></ul>

Notiz(en)/ Bemerkung(en):

Realisierbar im eigenen Unternehmen?	☐ ja	☐ nein

„Ja, ich möchte die Kosten senken – aber richtig!"

| **Maßnahme:** | Erhöhter Brandschutz | Tipp-Nummer **196** |

Aufwandskonto: 6900 – Versicherungsbeiträge

Erläuterungen zur Maßnahme:	Brandschutz ist eine vorbeugende Maßnahme, um die durch Brände entstehenden Schäden und daraus resultierenden Kosten zu vermeiden bzw. zu minimieren. Neben dem eigentlichen Versicherungsschutz ist zwischen baulichem (z.B. nicht brennbare Baustoffe), betrieblichem (z.B. Feuerschutztüren) und abwehrendem (z.B. Feuerlöschgeräte) Brandschutz sowie organisatorischen Maßnahmen (z.B. Alarmpläne) zu unterscheiden. Hervorzuheben ist, dass sich gezielte Brandschutzmaßnahmen auch kostensenkend auf die Versicherungsprämie auswirken. Die Höhe des Nachlasses ist in der Praxis von der Höhe der Versicherungssumme und der Brandschutzmaßnahme, die vom Verband der Sachversicherer (VdS) anerkannt sein muss, abhängig. Prämienmindernd wäre bspw. eine von der VdS anerkannte Sprinkleranlage oder automatische Brandmeldeanlage. Je besser die vorbeugenden Sicherheitsmaßnahmen, umso höher sind die Rabatte auf die Versicherungsprämie.
Auswirkung(en):	<ul><li>Senkung der Kosten für Versicherungsprämien</li><li>Kostenminimierung im Schadensfall, falls kein Versicherungsschutz besteht</li><li>Vermeiden einer Existenz bedrohenden Entwicklung, aufgrund eines Brandschadens (an Personen und Vermögensgegenständen)</li></ul>

Notiz(en)/ Bemerkung(en):

| Realisierbar im eigenen Unternehmen? | ☐ ja | ☐ nein |

„Ja, ich möchte die Kosten senken – aber richtig!"

| **Maßnahme:** | Prüfen von Mitgliedsbeiträgen | Tipp-Nummer **197** |

Aufwandskonto: 6920 – Beiträge zu Wirtschaftsverbänden und Berufsvertretungen

Erläuterungen zur Maßnahme: Unter bestimmten Voraussetzungen und Zielvorstellungen ist eine Mitgliedschaft in Verbänden, Kammern und/oder Innungen zu empfehlen bzw. erforderlich (z.B. Mitgliedschaft in einem Arbeitgeberverband). Oft fallen jedoch im Laufe der Zeit die ursprünglichen Beitrittsgründe weg. Leider wird dann häufig vergessen, diese Mitgliedschaft wieder zu kündigen, um sich die z.T. sehr hohen Mitgliedsbeiträge zu sparen. Aus diesem Grund ist eine regelmäßige Zweckmäßigkeitsprüfung aller aktuellen Mitgliedschaften und der damit verbundenen Kosten ratsam.

Auswirkung(en):
- Senkung der Kosten für Mitgliedsbeiträge

Notiz(en)/ Bemerkung(en):

Realisierbar im eigenen Unternehmen?   ☐ ja   ☐ nein

„Ja, ich möchte die Kosten senken – aber richtig!"

Maßnahme:	Notwendigkeit einer Warenkredit-versicherung prüfen	Tipp-Nummer **198**

Aufwandskonto: 6951 – Abschreibungen auf Forderungen wegen Uneinbringlichkeit

Erläuterungen zur Maßnahme:	Ein Mittel, um durch Forderungsausfälle entstehende, hohe Kosten und resultierende Risiken zu reduzieren, ist die Warenkreditversicherung. In Abhängigkeit vom Umsatz, der Branche und der Bonität der zu beliefernden Kunden, zahlt der versicherte Kunde Beiträge zu einer Warenkreditversicherung. Im Gegenzug erstatten die Gesellschaften, je nach vereinbarter Selbstbeteiligung, i.d.R. 70% bis 85% des Forderungsausfalls. Dadurch sinkt der Kostenaufwand und die eigene Liquidität wird gefördert. Diese Faktoren führen somit auch zu einer verbesserten Bonitätsbeurteilung durch Banken. Da die Versicherer oft erst mit Eröffnung des Insolvenzverfahrens zahlen, bietet es sich u.U. an, bereits den Zahlungsverzug über einen zusätzlichen Inkasso-Vertrag abzusichern. Damit sind jedoch auch Mehrkosten verbunden sind, die sich nicht immer lohnen.
Auswirkung(en):	• Senkung der Kosten, die durch Forderungsausfälle entstehen würden • verbesserte, eigene Zahlungsfähigkeit • durch bessere Bilanzstruktur auch verbesserte Bonitätsbeurteilung durch Dritte (Basel II)

(Vgl. Horn, 2003, a.a.O. , S. 146-147)

Notiz(en)/ Bemerkung(en):

Realisierbar im eigenen Unternehmen?	☐ ja	☐ nein

„Ja, ich möchte die Kosten senken – aber richtig!"

2.11 Betriebliche Steuern

In dieser Kontengruppe werden die folgenden Kostenarten verbucht:

Kontengruppe 70 / 77

Kontonummer	Bezeichnung
7020	Grundsteuer
7030	Kraftfahrzeugsteuer
7070	Ausfuhrzölle
7080	Verbrauchssteuern
7090	Sonstige betriebliche Steuern
7700	Gewerbesteuer

(Vgl. Schmolke/Deitermann, 2002, a.a.O. , Anhang)

Grundsätzlich ist eine Reduzierung aller dieser Kosten anzustreben. Die folgenden Maßnahmen zur Senkung dieser Kosten sind jedoch besonders hervorzuheben.

„Ja, ich möchte die Kosten senken – aber richtig!"

Maßnahme:	Ggf. Rechtsformwechsel der Unternehmung	Tipp-Nummer **199**

Aufwandskonto: 7700 – Gewerbesteuer

Erläuterungen zur Maßnahme:	Die Steuerlast eines Unternehmens wird u.a. durch deren Rechtsform bestimmt. Darüber hinaus hat die Rechtsform auch Einfluss auf die Höhe der Steuerberatungskosten, den Umfang der Buchhaltung und die Form der Haftung. Mit der Vereinfachung des Umwandlungs-Steuerrechts 1995 wurde der Rechtsformwechsel verbessert bzw. erleichtert. So kann bspw. gesagt werden, dass bei Existenzgründern die Einzelunternehmung steuergünstiger ist, als die Rechtsform der GmbH. Bei steigenden Gewinnen ist jedoch meist die GmbH günstiger, da dann Geschäftsführergehälter und Zahlungen für die eigene Betriebsrente als Betriebsausgaben abziehbar sind und damit die Steuerlast senken. Um die jeweilige individuelle Besteuerungssituation, die zukünftig erwartete Ertragslage und die angestrebte Gewinnverwendung hinreichend zu berücksichtigen, sollte vor einer Entscheidung zum Wechsel der Rechtsform unbedingt ein Steuerberater kontaktiert werden.
Auswirkung(en):	▪ Senkung der Steuerlast ▪ Senkung der Prozesskosten ▪ Minimierung von unternehmerischen Haftungsrisiken
	(Vgl. Blumberg, 1995, a.a.O. , S. 116 / Vgl. Gruber, 2003, a.a.O. , S. 46-49)
Notiz(en)/ Bemerkung(en):	

Realisierbar im eigenen Unternehmen?	☐ ja ☐ nein

„Ja, ich möchte die Kosten senken – aber richtig!"

Maßnahme:	Strikte Einhaltung aller steuerlichen Aufzeichnungspflichten	Tipp-Nummer **200**

Aufwandskonto: 7700 – Gewerbesteuer

Erläuterungen zur Maßnahme: Voraussetzung für einen gewinnmindernden und damit Steuer sparenden Betriebsausgabenabzug ist die strikte Einhaltung steuerlicher Aufzeichnungspflichten. So muss bspw. jeder Kundenbewirtungsbeleg bestimmte Mindestanforderungen hinsichtlich Form (z.B. gedruckte Rechnung aus einer Registrierkasse) und Inhalt (z.B. genaue Angabe des Bewirtungsanlasses) erfüllen. Wird nur eine der Voraussetzungen nicht erfüllt, so ist ein steuerlicher Abzug als Betriebsausgabe nicht mehr möglich. Dies würde dazu führen, dass diese Ausgabe, trotz der betrieblichen Zweckbestimmung, den zu versteuernden Gewinn leider nicht senkt. Weitere steuerliche Aufzeichnungspflichten bestehen bspw. auch bei Kundengeschenken.
Aus diesem Grund ist eine Einhaltung der oft sehr aufwendigen Aufzeichnungspflichten dringend zu empfehlen.

Auswirkung(en):
- Begrenzung der Steuerlast

Notiz(en)/ Bemerkung(en):

Realisierbar im eigenen Unternehmen?	☐ ja	☐ nein

„Ja, ich möchte die Kosten senken – aber richtig!"

3. Vorgehensweise zur Umsetzung der Maßnahmen

3.1 Praktische Umsetzung der Maßnahmen

Jede Maßnahme, die in Ihrem Unternehmen angebracht ist, sollte schnellstmöglich, aber dennoch gut vorbereitet, und konsequent umgesetzt werden. Nur so gelingt es, die Kosten in Ihrem Unternehmen so schnell wie möglich und auf Dauer zu senken.

Von heute auf morgen Kosten zu senken ist jedoch u.U. nicht möglich. Oft sind mit den größten Kostenarten (Personal, Fuhrpark, Räumlichkeiten, Dienstleistungen etc.) laufende Verträge und rechtliche Rahmenbedingungen (z.B. Kündigungsschutzgesetz) verbunden, die erst geprüft und dann ggf. nachverhandelt bzw. gekündigt werden müssen. Dennoch gibt es auch kurzfristig umsetzbare Maßnahmen, die zeitnah erste Kosteneinsparungen herbeiführen. Dazu zählt bspw. das Verschieben von nicht „überlebensnotwendigen" Investitionen (z.B. neue Büroeinrichtung).

Um alle ausgewählten Maßnahmen, die auch oft unpopulär sind, erfolgreich umsetzen zu können, sollten grundsätzlich folgende Aspekte beachtet werden:

- Setzen Sie sich ein realistisches Datum, bis wann Sie die Tipps erfolgreich umgesetzt haben wollen und beginnen Sie noch heute damit.

- Führen Sie eine offene, faire und vertrauensvolle Kommunikation über alle geplanten Maßnahmen (schriftlich, mündlich (in Form eines Meetings)) im gesamten Unternehmen. Mögliche Argumentationshilfen, um die dringende Notwendigkeit zu verdeutlichen, könnten dabei bspw. sein:
  - aktuelle Ist-Situation des Unternehmens und daraus resultierende Folgen und Auswirkungen, falls keine Maßnahmen eingeleitet werden; Offenlegung ggf. beobachteter unternehmensinterner Indikatoren (Siehe Kapitel 1.2)
  - Sicherung von Arbeitsplätzen
  - Zufriedenstellung der Kapitalgeber
  - Verbesserung der Bonität
  - aktuelle und zukünftige Wettbewerbssituation

- Versuchen Sie Ängste und Vorurteile bei Betroffenen größtmöglich zu beseitigen.

- Geben Sie einzelne Kurzbegründungen ab, warum die jeweiligen Kostensenkungsmaßnahmen erforderlich sind.

- Bitten Sie um Verständnis bei allen Beteiligten. Fordern Sie die Mitarbeit an der Umsetzung der Kostensenkungsmaßnahmen ein.

- Achten Sie auf die Vorbildfunktion aller Führungskräfte.

- Stellen Sie zukünftig eine regelmäßige Erfolgskontrolle sicher und geben Sie einen monatlichen Status-Report hinsichtlich des Erfolges der bis dahin ergriffenen Kostensenkungsmaßnahmen.

„Ja, ich möchte die Kosten senken – aber richtig!"

3.2 Zusätzliche Informationsquellen

Zu den im vorherigen Kapitel 2 genannten Maßnahmen wurden die wichtigsten Informationen gegeben. Falls dennoch weitergehende Informationen zu dem jeweiligen Thema Ihrerseits gewünscht werden oder sich Fragen zur praktischen Realisierung ergeben haben, so bieten sich vielfältige Lösungsmöglichkeiten an.

Eine einfache Möglichkeit ist die Nutzung einschlägiger Internet-Suchmaschinen. Durch die Eingabe der jeweiligen Schlagworte bzw. Suchbegriffe können Sie oft schnell und kostengünstig detaillierte Informationen zur entsprechenden Maßnahme erhalten. Aber auch die Anschaffung bzw. das Ausleihen von weiterer Fachliteratur kann Sie bei der Beantwortung offener Fragen und Umsetzung in der Praxis hilfreich unterstützen. Darüber hinaus ist auch die Inanspruchnahme von spezialisierten, kostenpflichtigen Beratungs- und Dienstleistungsunternehmen zu nennen.

4. Übersicht: Maßnahmen pro Aufwandsart

Maßnahme	Seite	Aufwandsart (Kontengruppe)			
		Material (60/61)	Personal (62/63/64)	Abschreibung (65)	Sonstige/Weitere (66/67/68/69/7)
1 bis 50	16 bis 65	x	x	x	x
51 bis 59	67 bis 76	x			
60 bis 112	78 bis 131		x		
113 bis 115	133 bis 135			x	
116 bis 200	137 bis 225				x

„Ja, ich möchte die Kosten senken – aber richtig!"

Stichwortverzeichnis

Ablauforganisation	17
Abonnements	193
Abrechnung	51
Abwesenheitszeiten	94
Adressen-Dubletten	196
Aktenvernichtung	183
Allgemeine Geschäftsbedingungen	31
Altersteilzeit	82
Angebots- und Vertragswesen	30
Anlagevermögen	133
Anzahlungen	173
Application Service Providing	107
Arbeitsverträge	85
Arbeitszeit	92
Arbeitszeiterfassung	93
Arbeitszeitmodell	91
Asset Backed Securities	167
Aufbauorganisation	16
Aufzeichnungspflichten	225
Aus- und Fortbildung	140
Aushilfen	144
Auslandsspesen	208
Auszubildende	90
Automatisierte Entgegennahme	109
Bankgebühren	164
Berufsgenossenschaft	130
Bestell- und Lagerwesen	41
Bestellannahme	111
Betriebliche Altersvorsorge	131
Betriebsfeiern	142
Betriebsferien	97
Betriebsratsschulungen	60
Betriebsstandorte	65
Betriebszeiten	39
Brandschutz	220
Build to order	155
Büromaterialverbrauch	186
Büroorganisation	100
Business Center	153
Business-Karten	203
Business-Warehouse	108
Cash Pooling	171
Cash Management	170
Contracting	159
Controlling	19
Customer Relationship Management	28
Database Marketing	215
Datenschutz und Datensicherheit	121
Disziplin	27
Dokumente	32
Doppelarbeiten	101
E-Billing	50
E-Commerce	117
EDV und Bürotechnik	112
Eigenentwicklung	163
Eigentumssicherung	61
Einarbeitung	139
Eingangs-Rechnungsprüfung	53
Einkauf	67
Einrichtung des Betriebsgebäudes	135
Einsatz der EDV	113
Einsatz der Mitarbeiter	99
Einstellungsstopp	80
E-Learningsystem	141
Electronic Banking	115
Elektronische Archivierung	119
E-Mails	194
E-Mail-Spam	114
Externe Dienstleister	148
Factoring	167
Fehler	11
Fernsteuerungstechnologien	110
Fertigungsverfahren	35
Firmenräumlichkeiten	151
Firmenwagen	127
Firmenwagenversteuerung	128
Flächenoptimierung	152
Forderungsmanagement	165
Formular-Management	190
Forschung und Entwicklung	33
Forward-Darlehen	172
Frachtkosten	75
Freeware-Software	162
Freie Mitarbeiter	88
Fremdkapitalbeschaffung	168
Fuhrpark	209
Fuhrpark-Management	210
Führungsstil	20
Gebrauchte Wirtschaftsgüter	134
Gehaltsextras	126
Gehaltssteigerungen	84
Geschäftspapier-Vorlage	188
Gesundheitsmanagement	146
Guthaben	174
Hausmeister	160
Hotelprogramme	206
Ideen-Management	23
Incentivereisen	124
Indikatoren	10
Industrie-Kontenrahmen	15
Informationsmanagement-Systemen	118
Informationsquellen	227
Insourcing	150
Instandhaltung/Wartung	57
Internet-Nutzung	199
Internet-Zugriff	120
IT-Konsolidierung	59
IT-Recycling	184

Stichwortverzeichnis

Kassen- bzw. Bargeldbestände 175
Kommissionieren 45
Kommunikation 21
Kooperation 62
Kooperationsvereinbarung 205
Kosten 9
Kosten analysieren 12
Kosten senken 13
Kosten vermeiden 12
Kostenlose Lieferungen und Leistungen 49
Krankenkassenwechsel 129
Kundenformulare 192

Lagerbestandsabbau 42
Laufende Verträge 149
Lohnzettel 191

Mahn- und Vollstreckungsbescheide 166
Marketing- bzw. Werbemaßnahmen 212
Marktforschung und Markterkundung 213
Maßnahmen 15
Materialeinsatz 68
Mediation 180
Meeting 26
Messe-Effizienz 214
Minijobs 87
Mitarbeiterbefragung 24
Mitarbeitermotivation 103
Mitgliedsbeiträge 221
Möbliertes Zimmer 207

Nachtbelieferung 106
Nichtraucher-Bonus 102

Öffnungszeiten 96
Online-Buchungssysteme 204
Open-Source-Software 162
Ordnung 100
Organisation der Fertigung 36
Outplacement 79
Output-Management 189
Outsourcing 63

Palettenmanagement 73
Papiereinsatz 187
Papierverbrauch 187
Personalbeschaffung 137, 138
Portokosten 195
Postservice 105
Praktische Umsetzung der Maßnahmen 226
Produkte und Dienstleistungen 29
Produktgestaltung 34
Produktionsplanung und -steuerung 37
Projektmanagement 18

Qualifikation 98

Rating-Ergebnis 169
Raum-/Lagernebenkosten 157
Rechnungstellung 178
Rechtsformwechsel 224
Recycling 71

Redundanzen 40
Reisekostenabrechnung 116
Reisekosten-Richtlinie 202
RFID-Funketiketten 43

Sachinvestitionen 56
Sammelrechnungen 122
Schadensersatzansprüche 95
Schwerbehinderte 143
Softwaremanagement 161
Sortimentsbereinigung 44
Sozialleistungen 123
Spenden 217
Sponsoring 217
Springer 89
Standortwahl 64
Stellenabbau 78
Stromanbieter 158
Studenten 145
Supplier Relationship Management 69

Teilzeitarbeitsplätze 81
Telearbeit 154
Telefaxsendungen 194
Telefonieren 197
Telefonische Problembehebung 48
Tourenplanung 47

Umgang mit Firmenfahrzeugen 211
Umkehrwechsel 177
Umsatzrückvergütung 54
Umsatzsteuer-Istversteuerung 179
Umschuldung 172
Umweltmanagement 181
Unified Messaging 58
Unproduktiven Tätigkeiten 101
Untervermietung 156

Verbesserungsprozess 25
Verbundwerbung 216
Verpackung 72
Verschenken 182
Verschiedene Kontengruppen 15
Versicherungsprämien 219
Vertriebs-Provisionssystem 104
Videokonferenzen 201
Virtual Private Network 200
Vorgehensweise 12
Vorsteuer/Umsatzsteuer 55
Vorwahlsperren 198
Vertrag v. Pr. ü. Internet 117
Wareneingangsprüfung 70
Warenkreditversicherung 222
Warenverbringung 46
Wartungsverträge 76
Wechselkursrisiken 52
Werkzeugmaschinen und Werkzeuge 38
Wissenstransfer 22
Worksharing 83
Zahlungsziele 176
Zeitarbeitskräfte 144
Zeitarbeitspersonal 86

„Ja, ich möchte die Kosten senken – aber richtig!"

Ihr Lesezeichen und Merkblatt

Ja, ich möchte die Kosten senken – aber richtig!

Tipp	Seite	Tipp	Seite	Tipp	Seite	Tipp	Seite	Tipp	Seite	Tipp	Seite
1	16	35	50	69	87	103	121	137	159	171	194
2	17	36	51	70	88	104	122	138	160	172	195
3	18	37	52	71	89	105	123	139	161	173	196
4	19	38	53	72	90	106	124	140	162	174	197
5	20	39	54	73	91	107	126	141	163	175	198
6	21	40	55	74	92	108	127	142	164	176	199
7	22	41	56	75	93	109	128	143	165	177	200
8	23	42	57	76	94	110	129	144	166	178	201
9	24	43	58	77	95	111	130	145	167	179	202
10	25	44	59	78	96	112	131	146	168	180	203
11	26	45	60	79	97	113	133	147	169	181	204
12	27	46	61	80	98	114	134	148	170	182	205
13	28	47	62	81	99	115	136	149	171	183	206
14	29	48	63	82	100	116	137	150	172	184	207
15	30	49	64	83	101	117	138	151	173	185	208
16	31	50	65	84	102	118	139	152	174	186	209
17	32	51	67	85	103	119	140	153	175	187	210
18	33	52	68	86	104	120	141	154	176	188	211
19	34	53	69	87	105	121	142	155	177	189	212
20	35	54	70	88	106	122	143	156	178	190	213
21	36	55	71	89	107	123	144	157	179	191	214
22	37	56	72	90	108	124	145	158	180	192	215
23	38	57	73	91	109	125	146	159	181	193	216
24	39	58	75	92	110	126	148	160	182	194	217
25	40	59	76	93	111	127	149	161	183	195	219
26	41	60	78	94	112	128	150	162	184	196	220
27	42	61	79	95	113	129	151	163	186	197	221
28	43	62	80	96	114	130	152	164	187	198	222
29	44	63	81	97	115	131	153	165	188	199	224
30	45	64	82	98	116	132	154	166	189	200	225
31	46	65	83	99	117	133	155	167	190		
32	47	66	84	100	118	134	156	168	191		
33	48	67	85	101	119	135	157	169	192		
34	49	68	86	102	120	136	158	170	193		

Bitte kreuzen Sie die Tipps an, die Sie umsetzen wollen.

„Ja, ich möchte die Kosten senken – aber richtig!"